青少年365天运动挑战

提升身体素质，优化运动技能

王雄 徐凌 编著

人民邮电出版社
北京

图书在版编目（CIP）数据

青少年365天运动挑战：提升身体素质，优化运动技能 / 王雄，徐凌编著. — 北京：人民邮电出版社，2022.9

ISBN 978-7-115-59490-7

Ⅰ. ①青… Ⅱ. ①王… ②徐… Ⅲ. ①青少年—运动训练 Ⅳ. ①G808.17

中国版本图书馆CIP数据核字(2022)第112748号

内容提要

本书由长期从事青少年体能训练理论与实践研究的专业人士编写。作者充分遵循青少年生长发育规律和人体运动科学，设计出结构完整、分期科学、循序渐进的全年训练计划。针对计划中的训练动作，本书提供了图文讲解和视频演示，有助于青少年通过自主学习或在家长、教师的帮助下快速掌握多种训练动作及其要点，从而提升训练效率，优化身体素质和运动技能。此外，书中以科学运动、合理饮食、健康成长等为主题的科普问答，以及体育大事记，将帮助青少年全面认识运动，引导、激励青少年积极参与运动，促使青少年充分享受运动带来的乐趣并从运动中受益。

编著 王雄 徐凌

责任编辑 王若璇

责任印制 马振武

书籍设计 徐端端

出版发行 人民邮电出版社

地址：北京市丰台区成寿寺路11号
邮编：100164
电子邮件：315@ptpress.com.cn
网址：https://www.ptpress.com.cn

印刷 北京尚唐印刷包装有限公司

开本 880×1230 1/48

印张 15.375

字数 477千字

版次 2022年9月第1版

印次 2022年9月北京第1次印刷

定价 148.00元

读者服务热线：(010) 81055296 印装质量热线：(010) 81055316 反盗版热线：(010) 81055315
广告经营许可证：京东市监广登字20170147号

在线视频访问说明

本书提供了每周训练计划中训练动作的在线视频，可通过微信“扫一扫”，扫描训练计划页左上角的二维码或本页的二维码进行观看。

步骤 1

点击微信聊天界面右上角的“+”，弹出功能菜单（图 1）。

步骤 2

点击弹出的功能菜单上的“扫一扫”，进入该功能界面，扫描训练计划页左上角的二维码或本页的二维码。

步骤 3

如果您未关注微信公众号“人邮体育”，扫描后会出现“人邮体育”的二维码。请根据说明关注“人邮体育”，并点击“资源详情”（图 2），观看视频（图 3）。

如果您已关注微信公众号“人邮体育”，扫描后可直接观看视频（图 3）。

图 1 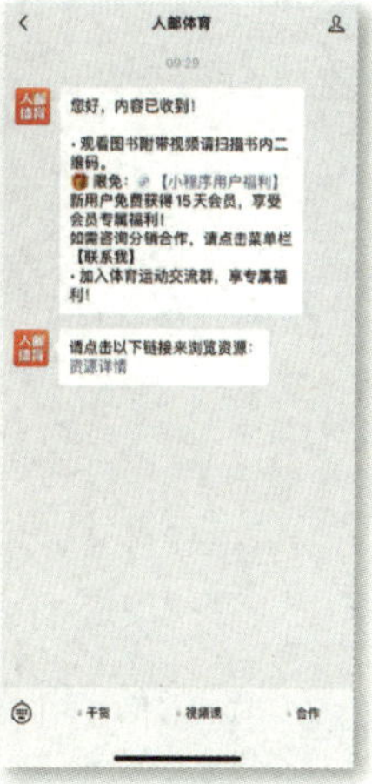　　图 2 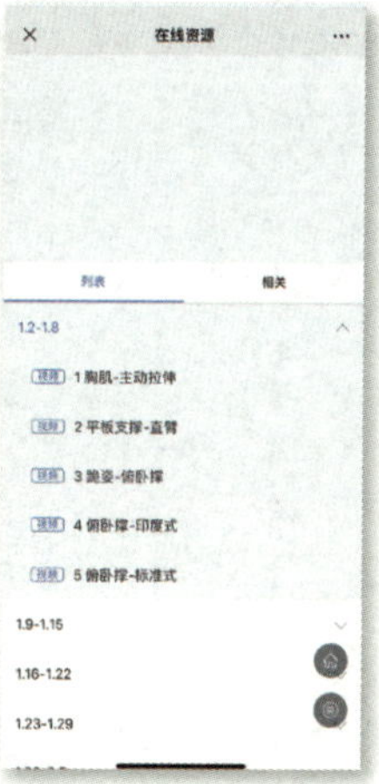　　图 3

训练计划页使用说明

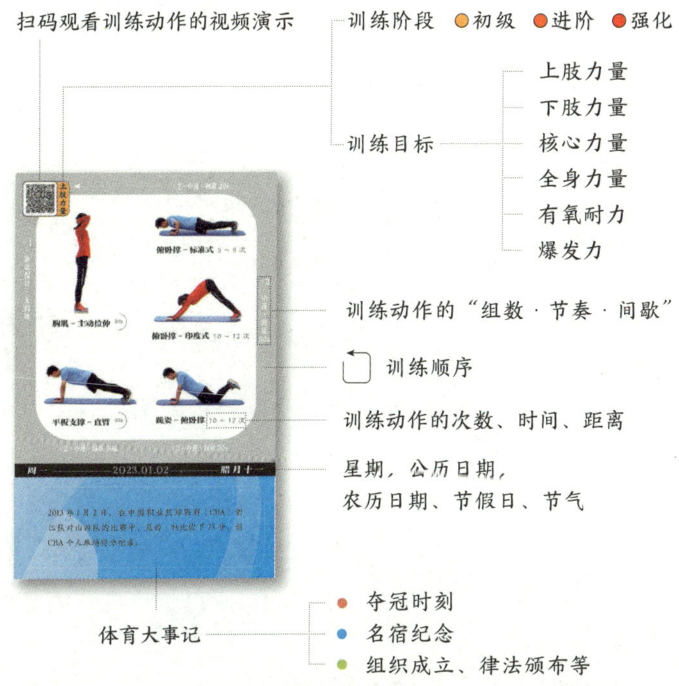

周日　2023.01.01　元旦

1995 年 1 月 1 日，中央电视台体育频道（CCTV-5）正式开播。

上肢力量

×2·中速·间歇30s

胸肌－主动拉伸 30s

×1·静态保持·无间歇

俯卧撑－标准式 5～8次

俯卧撑－印度式 10～12次

×2·中速·间歇30s

平板支撑－直臂 30s

跪姿－俯卧撑 10～12次

×2·中速·间歇30s

×2·中速·间歇30s

周一 2023.01.02 腊月十一

2013年1月2日，在中国职业篮球联赛（CBA）浙江队对山西队的比赛中，昆西·杜比砍下75分，创CBA个人单场得分纪录。

胸肌 - 主动拉伸

双手置于头部后方，双肘后移，直至胸肌有牵拉感。

周二 2023.01.03 腊月十二

1991 年 1 月 3 日，韦恩 · 格雷茨基打进在北美职业冰球联赛（NHL）的第 700 个进球。

平板支撑 - 直臂

核心收紧，身体呈一条直线。

1991 年 1 月 4 日，不足 13 岁的伏明霞成为最年轻的跳水世界冠军。

跪姿－俯卧撑

核心收紧，躯干与大腿呈一条直线。

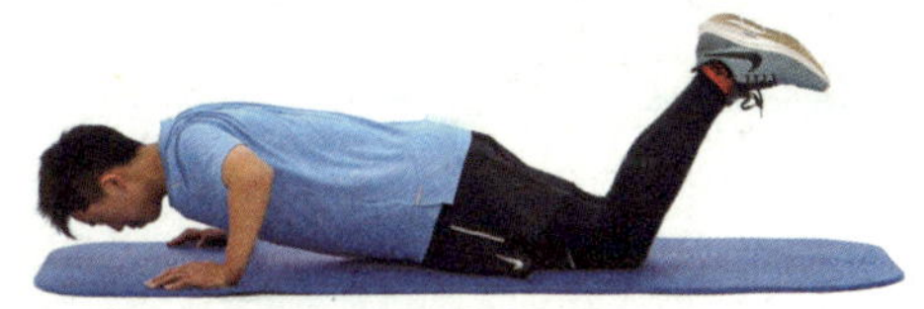

身体下降至双肘屈曲 90 度。随后推起身体至双臂伸直。

周四 2023.01.05 小寒

2022 年 1 月 5 日，北京冬奥组委新闻发言人赵卫东、严家蓉亮相，主媒体中心投入运行新闻发布会举行，标志着北京冬奥组委为全球媒体服务做好准备。

俯卧撑－印度式

① 

核心收紧，身体呈一条直线。

② 

头部抬起，髋部下沉，身体呈反弓形。

③ 

双手推地，髋部上抬，身体呈倒V形。

2007年1月6日，翟墨成为首位挑战“单人无动力帆船环球航行”的中国人。

俯卧撑－标准式

①

核心收紧，身体呈一条直线。

②

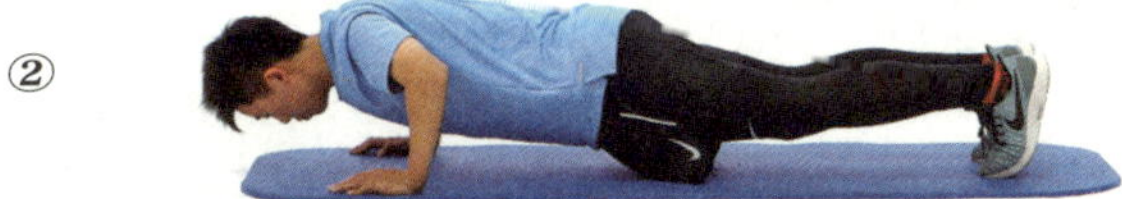

身体下降至双肘屈曲 90 度。随后推起身体至双臂伸直。

周六 2023.01.07 腊月十六

1991 年 1 月 7 日，林莉成为中国首个游泳世界冠军。

“想要快速提升运动成绩，就要长期保持高强度运动”这一说法正确吗？

这种说法不正确。运动强度必须与个体的发育水平相适应，还应与运动间歇安排相匹配。循序渐进，留有余地，是对青少年运动负荷（运动强度和运动量）的总体要求。盲目追求负荷的累积效应，冲击负荷极限，特别是过分强调运动强度，尽管可以使青少年的运动表现快速提升，但与此同时也会给青少年带来极大的危害，其中，伤病是最大的隐患，除此之外，还可能造成过度训练等问题。

周日 2023.01.08 腊月十七

1954 年 1 月 8 日，中共中央批转中央人民政府体育运动委员会党组《关于加强人民体育运动工作的报告》，指出：“改善人民的健康状况，增强人民体质，是党的一项重要政治任务。”

核心力量

×2 · 静态保持 · 间歇 30s

×1 · 慢速 · 无间歇

俯卧－两侧转体看脚跟

5 次

侧桥－分腿 15~20s / 侧

×2 · 中速 · 间歇 30s

仰卧起坐

10 ～ 15 次

×2 · 中速 · 间歇 30s

俯卧－手脚抬起

5 次 / 侧

仰卧—对侧肘碰膝 10 ～ 12 次 / 侧

×2 · 中速 · 间歇 30s

周一 2023.01.09 腊月十八

1900 年 1 月 9 日，意大利著名的拉齐奥足球俱乐部在罗马成立。

俯卧－两侧转体看脚跟

①

俯卧，撑起上半身，身体呈反弓形。

②

头部与躯干交替向两侧后方旋转至腹斜肌、背阔肌和腰方肌有牵拉感，保持 1 ~ 3 秒。

1976 年 1 月 10 日，中国男子乒乓球历史上第一位集奥运会、世锦赛、世界杯单打冠军于一身的大满贯得主刘国梁出生。

仰卧起坐

①

仰卧，双膝屈曲，双臂交叠于胸前。

②

核心收紧，卷腹屈髋，上半身完全抬起。

2000 年 1 月 11 日，卡尔顿·菲斯克和托尼·佩雷兹通过美国棒球记者协会（BBWAA）的票选，进入美国棒球名人堂。

仰卧 - 对侧肘碰膝

①

仰卧，一侧脚抵在对侧膝盖上，双手置于头部后方。

②

上半身完全抬起并向非支撑腿旋转，非支撑腿的膝盖与对侧手肘触碰。

周四 2023.01.12 腊月廿一

2003 年 1 月 12 日，邵佳一加盟德国慕尼黑 1860 足球俱乐部。

俯卧 - 手脚抬起

①

俯卧，一侧手臂伸直，对侧手臂屈曲。

②

肩部、伸直手臂和对侧腿抬离地面。

1998 年 1 月 13 日，曾启亮为中国国家男子游泳队赢得首枚世锦赛奖牌。

侧桥 - 分腿

侧卧，下侧手肘和腿撑地。

核心收紧，髋部抬起至身体呈一条直线。

2007 年 1 月 14 日，丁俊晖打出职业生涯第一个单杆 147 分，成为斯诺克大师赛史上第二位打出满分杆的选手。

儿童和青少年的身体素质敏感期如何划分？

儿童和青少年身体素质敏感期（训练天窗）年龄区间

<table>
<tr><td>身体素质</td><td colspan="12">不同敏感期（训练天窗）的出现时间</td></tr>
<tr><td>性别</td><td colspan="6">男</td><td colspan="6">女</td></tr>
<tr><td rowspan="2">柔韧性天窗（2个）</td><td colspan="3">第一天窗期</td><td colspan="3">第二天窗期</td><td colspan="3">第一天窗期</td><td colspan="3">第二天窗期</td></tr>
<tr><td colspan="3">5~8周岁</td><td colspan="3">12~14周岁</td><td colspan="3">4~7周岁</td><td colspan="3">11~13周岁</td></tr>
<tr><td rowspan="2">速度天窗（2个）</td><td colspan="3">第一天窗期</td><td colspan="3">第二天窗期</td><td colspan="3">第一天窗期</td><td colspan="3">第二天窗期</td></tr>
<tr><td colspan="3">7~9周岁</td><td colspan="3">13~16周岁</td><td colspan="3">5~8周岁</td><td colspan="3">11~14周岁</td></tr>
<tr><td rowspan="2">技术天窗（2个）</td><td colspan="3">第一天窗期</td><td colspan="3">第二天窗期</td><td colspan="3">第一天窗期</td><td colspan="3">第二天窗期</td></tr>
<tr><td colspan="3">9~12周岁</td><td colspan="3">14~18周岁</td><td colspan="3">7~10周岁</td><td colspan="3">12~16周岁</td></tr>
<tr><td rowspan="2">协调性天窗（1个）</td><td colspan="6">天窗期</td><td colspan="6">天窗期</td></tr>
<tr><td colspan="6">12~14周岁</td><td colspan="6">11~13周岁</td></tr>
<tr><td rowspan="3">力量天窗（3个阶段）</td><td colspan="2">天窗期第一阶段</td><td colspan="2">天窗期第二阶段</td><td colspan="2">天窗期第三阶段</td><td colspan="2">天窗期第一阶段</td><td colspan="2">天窗期第二阶段</td><td colspan="2">天窗期第三阶段</td></tr>
<tr><td colspan="2">12~15周岁</td><td colspan="2">15~20周岁</td><td colspan="2">20~25周岁</td><td colspan="2">10~13周岁</td><td colspan="2">13~18周岁</td><td colspan="2">18~21周岁</td></tr>
<tr><td colspan="6">注释：身高突增期后的6~12个月是第一阶段，力量增长速度最快，一般在12~15周岁。后两个阶段，力量增长速度逐渐放缓</td><td colspan="6">注释：身高突增期或月经初潮后是第一阶段，力量增长速度最快，一般在10~13周岁。后两个阶段，力量增长速度逐渐放缓</td></tr>
<tr><td>耐力天窗（2个）</td><td colspan="3">12~14周岁</td><td colspan="3">17~22周岁</td><td colspan="3">11~13周岁</td><td colspan="3">16~21周岁</td></tr>
<tr><td>爆发力天窗（1个）</td><td colspan="6">16~22周岁</td><td colspan="6">15~21周岁</td></tr>
</table>

周日 2023.01.15 南方小年

1892年1月15日，由被视为篮球运动创造人的詹姆士·奈史密斯制定的第一套篮球规则正式发布。

周一 2023.01.16 腊月廿五

2012 年 1 月 16 日，闫涵夺得冬青奥会花样滑冰男子单人滑比赛冠军。

侧卧 - 股四头肌拉伸

①

侧卧，上侧手握同侧脚踝。

②

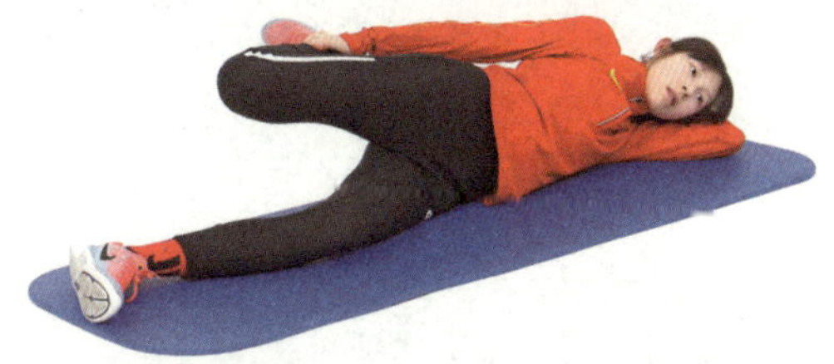

上侧髋部伸展，膝盖后移，同时将脚踝拉向同侧臀部至股四头肌有牵拉感。

周二 2023.01.17 腊月廿六

2021 年 1 月 17 日，21 岁的颜丙涛首次参加斯诺克大师赛即夺冠，成为该赛事史上第二年轻的冠军和继丁俊晖后第二位获得斯诺克三大赛冠军的中国运动员。

徒手蹲

站立。双臂前平举，屈髋屈膝下蹲，膝盖与脚尖方向一致。随后伸髋伸膝站直。

2004年1月18日，斯特凡·彼得汉塞尔夺得达喀尔拉力赛汽车组冠军，成为包揽摩托车组和汽车组冠军的达喀尔拉力赛“双冠王”。

分腿蹲

站立，双手叉腰。一侧脚向前迈步，屈髋屈膝下蹲。随后收回迈步脚，站直，换对侧重复。两侧交替。

周四 2023.01.19 腊月廿八

1903 年 1 月 19 日，法国宣布举办首届环法自行车赛。

侧弓步

①

②

站立。双臂前平举，一侧脚侧向迈步，屈髋屈膝下蹲。随后收回迈步脚，站直。

周五 2023.01.20 大寒

1997 年 1 月 20 日，罗纳尔多·路易斯·纳扎里奥·德利马当选 1996 年世界足球先生。

徒手蹲－双脚跳

①

双手置于头部后方，屈髋屈膝下蹲。

②

伸髋伸膝，向上跳起。落地时，屈髋屈膝缓冲。

2010 年 1 月 21 日，科比 · 布莱恩特成为美国职业篮球联赛（NBA）史上最年轻的两万五千分先生。

运动有助于青少年度过叛逆期吗?

青少年叛逆期主要是由快速发展的生理水平和发展相对滞后的心理水平之间的矛盾导致的。处于叛逆期的青少年自我意识增强，开始自我封闭，不爱沟通，反感家长和教师的教诲，时常出现情绪波动、行动偏激的行为。在这一时期，家长和教师可以鼓励青少年多进行体育运动，以帮助他们更好地度过叛逆期。这是因为，首先，体育运动有助于青少年在追求技术进步和比赛胜利的过程中获得满足感和成就感；其次，处于叛逆期的青少年往往情绪不稳定，而体育运动是一个很好的不良情绪疏解渠道，能帮助青少年管理情绪，还有助于培养青少年的抗压能力和挫折承受力；最后，体育运动是良好的交流平台，让青少年可以与性别、年龄、职业不同的个体进行交流和协作，这有利于青少年形成更准确的自我认知，提升心理认知能力。

周日 2023.01.22 春节

2006 年 1 月 22 日，科比 · 布莱恩特以 81 分创下 NBA 史上个人单场得分第二的纪录。

周一 2023.01.23 正月初二

2009 年 1 月 23 日，年仅 17 岁的刘佳宇获得单板滑雪世锦赛女子 U 型池比赛金牌。

抱膝前进

①

双手抱一侧膝盖并将其提拉至胸前，对侧臀部收紧，脚随即踮起。

②

换对侧重复。两侧交替，向前移动。

周二 2023.01.24 正月初三

1997 年 1 月 24 日，北京首钢篮球俱乐部正式成立。

熊爬 - 纵向

① 

双手和双脚撑地，身体呈倒V形，核心收紧，一侧手和对侧脚向前移。

② 

换对侧重复。两侧交替，向前移动。

周三 2023.01.25 正月初四

2014年1月25日，李娜首夺澳大利亚网球公开赛（简称“澳网”）女子单打比赛冠军，这是亚洲人首夺该项赛事的单打比赛冠军。

桌式爬行－纵向

①

双手和双脚撑地，躯干和小腿平行于地面，核心收紧，一侧手和对侧脚向前移动。

②

换对侧重复。两侧交替，向前移动。

2007 年 1 月 26 日，米歇尔·普拉蒂尼当选欧洲足球协会联盟（UEFA）主席，开创退役足球运动员担任主席的先例。

军步走 – 纵向

①

一侧腿抬至大腿与地面接近平行，脚尖勾起。

②

抬起腿下落并用力蹬地，同时支撑腿抬至大腿与地面接近平行。两侧交替，向前移动，双臂自然摆动。

周五 2023.01.27 正月初六

2006 年 1 月 27 日，郑洁、晏紫获得澳网女子双打比赛冠军，捧起中国第一座网球大满贯赛事冠军奖杯。

垫步跳 - 纵向

①

一侧腿抬至大腿与地面接近平行，脚尖勾起，对侧脚跳起。

②

换对侧重复。两侧交替，向前移动，双臂自然摆动。

周六 2023.01.28 正月初七

2012 年 1 月 28 日，阿扎伦卡在澳网中夺得女子单打比赛冠军，登顶世界第一。

运动前为何要进行热身？夏天气温较高，运动之前是否可以不热身？

热身是为了提高体温，激活目标肌群并降低肌肉的黏滞性，增加关节的活动度，调动心肺的功能，提高神经系统的兴奋性，让它们为接下来的运动做好准备，从而提升运动表现，降低损伤风险。夏天气温较高，人体肌肉比在低温环境中舒展，可适当缩短热身时间，但不可不进行热身。

周日 2023.01.29 正月初八

2012年1月29日，于静在速度滑冰短距离世锦赛上夺得女子500米比赛冠军，并成为世界首位在速度滑冰500米比赛中滑进37秒的女子运动员。

周一 2023.01.30 正月初九

2012 年 1 月 30 日，侯逸凡在直布罗陀国际象棋公开赛中对上朱迪特·波尔加。最终，侯逸凡获胜，终结了朱迪特·波尔加 20 年对女棋手不败纪录。

摇篮抱腿

①

②

站立。双手分别扶一侧腿的大腿和脚踝并向上提拉该侧腿，对侧臀部收紧，脚随即踮起。换对侧重复。两侧交替。

2010 年 1 月 31 日，在澳网中，罗杰·费德勒赢得自己的第 16 个大满贯赛事冠军。

踝关节平行跳

①

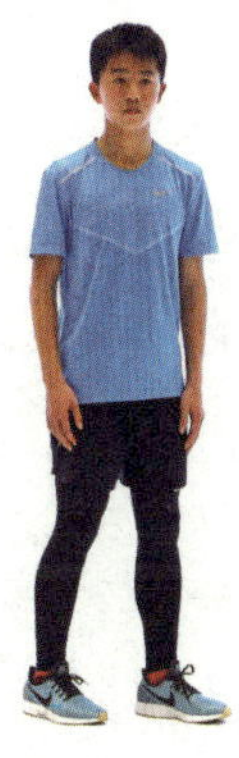

双脚保持平行且距离不变，跳跃，同时脚尖转动约 45 度。

②

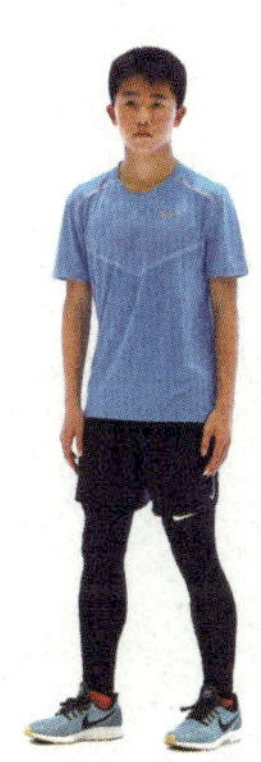

双脚继续跳跃，同时脚尖向反方向转动约 90 度。以这种方式连续跳跃。

周三 2023.02.01 正月十一

1994 年 2 月 1 日，王军霞成为亚洲第一位获得杰西·欧文斯国际奖的运动员。

垫步直腿跳

①

侧腿伸直并向上抬起，对侧手触碰脚尖，同时支撑腿向上跳起。

②

换对侧重复。两侧交替。

2007 年 2 月 2 日，史册在国际聋人体育联合会第 40 届代表大会上荣获“2005 年度最佳女运动员”奖。

开合跳

①

向上跳起，双腿打开，双臂保持伸直并经两侧移至头顶上方触碰。落地时，双脚分开。

②

向上跳起，双腿靠拢，双臂保持伸直并经两侧移至体侧。落地时，双脚并拢。

1972年2月3日，第11届冬奥会在日本札幌开幕，这是该赛事首次在亚洲举行。

小丑跳

①

保持核心收紧，向上跳起的同时一侧腿向外伸直。

②

换对侧重复。两侧交替。

周六 2023.02.04 立春

2022 年 2 月 4 日，北京冬奥会开幕。北京成为世界上唯一一座双奥之城。

运动前如何有效热身？

科学的热身应包括两部分。

第一部分是针对全身的热身，如快走、慢跑、低强度的跳绳等；体重较大的青少年可以采用快走、骑车等对关节造成压力较小的热身方式。

第二部分是针对特定部位的热身，如动态拉伸、核心激活等，热身重点为在接下来的运动中参与较多的身体部位，同时还要考虑运动的特殊需求。例如，在游泳前，需要重点活动肩关节。

2022 年 2 月 5 日，曲春雨、范可新、武大靖、任子威获得短道速滑混合团体接力比赛的冬奥会冠军，为中国赢得该届冬奥会首枚金牌。

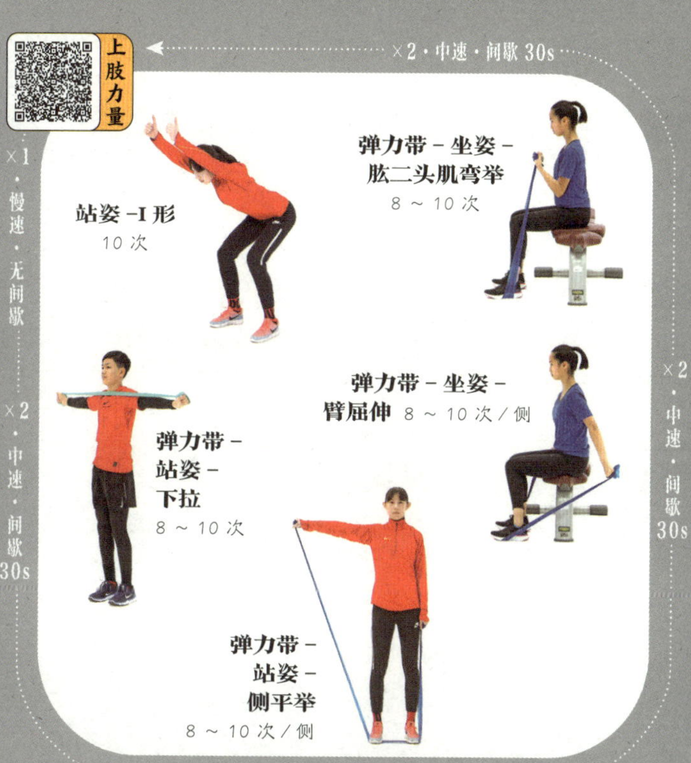

周一 2023.02.06 正月十六

1988年2月6日，迈克尔·乔丹在NBA全明星扣篮大赛上，以高难度的罚球线起跳扣篮获得冠军。这一扣篮后成为Air Jordan品牌标识设计的灵感来源。

站姿-I形

屈髋屈膝下蹲，双臂自然下垂。

②

双侧肩胛骨向下、向内收紧，双臂抬起，与躯干呈一条直线（即I形），拇指朝上。

周二　2023.02.07　正月十七

2022年2月7日，任子威拿下中国首枚短道速滑男子1000米奥运会金牌。

弹力带－站姿－下拉

①

双手握弹力带两端，双臂向上伸直。

②

双手下拉弹力带至双臂侧平举。

周三 2023.02.08 正月十八

2022年2月8日，谷爱凌获得自由式滑雪女子大跳台比赛的冬奥会冠军，拿下冬奥会史上首枚自由式滑雪大跳台金牌。

弹力带 - 站姿 - 侧平举

①

双脚踩弹力带中段，双手握弹力带两端。

②

身体保持稳定，单手上拉弹力带至手臂侧平举。

1992 年 2 月 9 日，在 NBA 全明星赛中，“魔术师”埃尔文·约翰逊病愈复出，得到 25 分和 9 个助攻，当选该赛季全明星赛的最有价值球员（MVP）。

弹力带－坐姿－臂屈伸

①

双脚踩弹力带中段，双手握弹力带两端，上臂紧贴躯干。

②

身体保持稳定，单手后拉弹力带至手臂伸直。

2022 年 2 月 10 日，徐梦桃、齐广璞、贾宗洋获得冬奥会自由式滑雪空中技巧混合团体比赛亚军，创史上最佳成绩。

弹力带－坐姿－肱二头肌弯举

①

②

双脚踩弹力带中段，双手握弹力带两端，上臂紧贴躯干。

身体保持稳定，两侧前臂向上弯举，注意双肘不要向外打开。

周六 2023.02.11 正月廿一

2022年2月11日，闫文港获得冬奥会男子钢架雪车比赛季军，创史上最佳成绩。

如何提升青少年的50米跑测试成绩?

爆发力、速度耐力、力量、快速反应能力和技术动作是影响50米跑测试成绩的关键因素。50米跑测试的针对性提升训练应以强度高、持续时间短(10秒左右)的爆发性练习为主，辅以强度高、持续时间稍长(30秒左右)的速度耐力练习。身体素质训练方面，应重点发展下肢力量，通过摆臂练习提高上肢力量，加强核心力量以减少跑动过程中的能量损耗。

2022年2月12日，高亭宇获得速度滑冰男子500米比赛的奥运会冠军，拿下中国首枚男子速度滑冰奥运会金牌。

周一 2023.02.13 正月廿三

2014 年 2 月 13 日，张虹获得速度滑冰女子 1000 米比赛的冬奥会冠军，为中国赢得首枚速度滑冰奥运会金牌。

迷你带 - 深蹲

核心收紧，双臂前平举，屈髋屈膝下蹲，膝盖与脚尖方向一致。随后伸髋伸膝站直。

2022 年 2 月 14 日，徐梦桃拿下中国首枚自由式滑雪女子空中技巧奥运会金牌。

弹力带 - 站姿 - 髋外展

①　　②

身体保持稳定，双手叉腰，绑弹力带的一侧腿向外打开。

2010 年 2 月 15 日，申雪、赵宏博及庞清、佟健包揽奥运会花样滑冰双人滑比赛冠、亚军。

弹力带－站姿－髋内收

弹力带一端固定于脚踝同高处，身体保持稳定，双手自然下垂，绑弹力带的一侧腿向对侧内收。

周四 2023.02.16 正月廿六

2002 年 2 月 16 日，杨扬夺得中国首枚冬奥会金牌。

弹力带 - 坐姿 - 单侧伸膝

①

②

身体保持稳定，绑弹力带的一侧腿向上伸直。

周五 2023.02.17 正月廿七

1998 年 2 月 17 日，李佳军成为中国首位获得冬奥会奖牌的男子运动员。

弹力带 - 俯卧 - 单侧屈膝

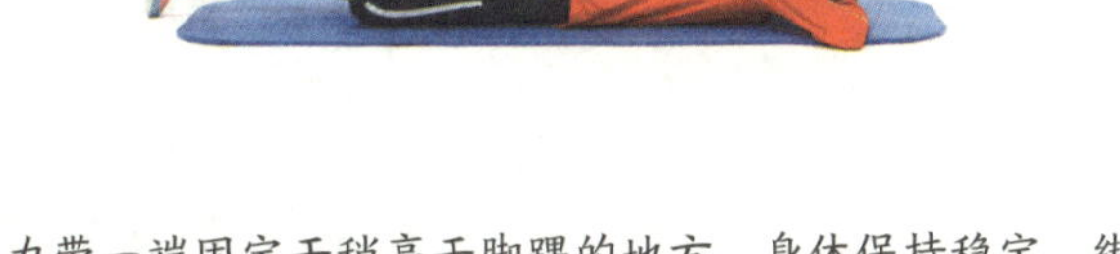

弹力带一端固定于稍高于脚踝的地方，身体保持稳定，绑弹力带的一侧腿屈膝上抬。

周六 2023.02.18 正月廿八

2010 年 2 月 18 日，王濛卫冕冬奥会短道速滑女子 500 米比赛的冠军，成为冬奥会史上首位蝉联该比赛冠军的运动员。

“运动前饮水易导致运动中腹疼，所以在运动前要避免补水”的说法正确吗？

运动前饮水导致运动中腹痛通常是因为饮水时间距离运动时间太近或饮水量过大。正确的做法是，从运动前 4 小时开始，缓慢地补充足够的水分，这有助于排出体内多余的无效水分。同时，适量摄入运动饮料能帮助身体保留更多的水分，为接下来的运动做好准备。

周日 2023.02.19 **雨水**

2012 年 2 月 19 日，李玲在室内田径亚锦赛中刷新女子室内撑竿跳亚洲纪录。

×1·慢速·间歇 30s

迷你带 – 臀桥

5 ~ 8 次

弹力带 – 侧桥

30s / 侧

×2·中速·间歇 60s

弹力带 – 站姿 – 直臂 – 躯干旋转

5 ~ 8 次 / 侧

弹力带 – 臀桥

8 ~ 10 次

×2·中速·间歇 60s

弹力带 – 半程卷腹

8 ~ 10 次

×2·中速·间歇 60s

周一 —— 2023.02.20 —— 二月初一

2022 年 2 月 20 日，北京冬奥会闭幕。在该届冬奥会上，中国代表团位列金牌榜第三，创下史上最好成绩。

迷你带 - 臀桥

①

②

仰卧，将迷你带套在膝盖上方向上顶髋至躯干与大腿呈一条直线。

2014 年 2 月 21 日，中国国家男子冰壶队获得冬奥会最好成绩：第四名。

弹力带 - 站姿 - 直臂 - 躯干旋转

①

弹力带一端固定于肩部同高处，上半身转向固定点，双臂伸直。

②

保持身体稳定和双臂伸直，上半身转至侧对固定点。

2000 年 2 月 22 日，于淑梅获得冬季两项女子 15 千米比赛的世锦赛亚军，为中国赢得首枚冬季两项世锦赛奖牌。

弹力带 - 半程卷腹

①

②

背部压住弹力带一端，双手握弹力带另一端，核心收紧，进行半程卷腹。

2017 年 2 月 23 日，在第九届中国篮球协会全国代表大会上，姚明全票当选中国篮球协会新一届主席。

弹力带 - 臀桥

②

仰卧，双手握弹力带两端，向上顶髋至躯干与大腿呈一条直线。

周五 2023.02.24 二月初五

2010 年 2 月 24 日，中国国家女子短道速滑队首夺 3000 米接力比赛的冬奥会金牌并打破世界纪录。

弹力带 - 侧桥

双手握弹力带两端，头部、躯干和双腿呈一条直线，双臂呈一条直线。

周六 2023.02.25 二月初六

2005 年 2 月 25 日，王励勤在卡塔尔乒乓球公开赛中获得男子单打比赛的冠军，这是中国运动员首次在该赛事的男子单打比赛中夺冠。

“运动后应大量饮水，以补充水分”的说法正确吗？

这种说法不正确。运动刚刚结束时，心脏仍处于快速跳动的状态，此时大量饮水会加重心脏的负担。此外，运动后只大量摄入纯净水不仅起不到补充水分的效果，还会导致体内渗透压变化，使身体排汗和排尿增多，从而缺失更多水分和盐分。正确的做法是，运动后休息片刻，少量多次饮水，同时摄入适量的运动饮料或盐水。

周日 2023.02.26 二月初七

2010 年 2 月 26 日，王濛获得冬奥会短道速滑女子 1000 米比赛的冠军。至此，中国国家短道速滑队历史性地包揽了该届冬奥会女子短道速滑比赛的全部 4 枚金牌。

上肢力量

×2 · 中速 · 间歇 30s

迷你带 – 站姿 – 肩关节三方向

3 ~ 5 次 / 侧

哑铃 – 站姿 – 俯身划船

8 ~ 10 次

×1 · 慢速 · 无间歇

哑铃 – 仰卧 – 胸前推举

8 ~ 10 次

×2 · 中速 · 间歇 30s

弹力带 – 站姿 – 飞鸟

8 ~ 10 次

×2 · 中速 · 间歇 30s

弹力带 – 站姿 – 反向飞鸟

8 ~ 10 次

×2 · 中速 · 间歇 30s

周一 2023.02.27 二月初八

1900 年 2 月 27 日，德国著名的拜仁慕尼黑足球俱乐部成立。

迷你带－站姿－肩关节三方向

①

双臂前平举。一侧手臂向斜上方45度方向移动，然后恢复前平举姿势。

②

一侧手臂向外侧平移，然后恢复前平举姿势。

③

一侧手臂向斜下方45度方向移动，然后恢复前平举姿势。

周二 2023.02.28 二月初九

2004年2月28日，国际足球联合会（FIFA）宣布，取消“金球制”和“银球制”，恢复加时赛和点球决胜规则。

弹力带－站姿－飞鸟

①

双手握弹力带两端，双臂水平。

②

双臂保持水平并向内收，双手掌心相对。

2008年3月1日，中国国家女子乒乓球队实现世锦赛团体赛八连冠。

弹力带 - 站姿 - 反向飞鸟

①

双手握弹力带两端，双臂向前水平伸展，双手掌心相对。

②

双臂保持水平并向两侧打开。

周四 2023.03.02 二月十一

1962 年 3 月 2 日，威尔特·张伯伦以 100 分创下 NBA 史上个人单场得分最高纪录。

哑铃 - 仰卧 - 胸前推举

①

手握哑铃，双臂屈曲，上臂与地面接近平行。

②

双手向上推举哑铃至双臂与地面垂直。

周五 2023.03.03 二月十二

2005 年 3 月 3 日，丁美媛、刘春红当选“世界举重百年最佳运动员”。

哑铃-站姿-俯身划船

①

屈髋屈膝下蹲，背部挺直，向前俯身，手握哑铃，双臂自然下垂。

②

双臂尽量靠近躯干，双手向上提拉哑铃至体侧。

1951年3月4日，第一届亚运会在印度新德里开幕。

合理饮食

如何通过食品包装上的营养标签来筛选健康的食品？

食品包装上的营养标签通常标明了100克食品包含的能量、碳水化合物、脂肪、蛋白质和钠等的量。根据《预包装食品营养标签通则》，低能量、低糖、低脂、低盐的标准为：（1）低能量：能量小于等于170千焦/100克；（2）低糖：碳水化合物或糖小于等于5克/100克；（3）低脂：脂肪小于等于3克/100克；（4）低盐：钠小于等于120毫克/100克。家长和青少年应关注食品包装上的营养标签，尽量选购符合以上标准的食品。

周日 2023.03.05 二月十四

2003年3月5日，科比·布莱恩特成为NBA史上最年轻的一万分先生。

周一 2023.03.06 惊蛰

2000 年 3 月 6 日，中国国家女子足球队获颁国际奥组委 2000 年“妇女与体育”奖杯。

动态侧向伸展

站立，一侧手臂向上伸展，躯干向对侧屈曲至背阔肌和躯干屈肌有牵拉感，保持 1 ~ 3 秒。

周二 2023.03.07 二月十六

1996 年 3 月 7 日，“魔术师”埃尔文·约翰逊成为 NBA 历史上第二位助攻次数达到 10000 次的球员。

弹力带 - 躯干侧屈

弹力带两端分别固定于双脚下和一侧手中，背部挺直，躯干向对侧屈曲。

2008 年 3 月 8 日，刘翔夺得室内田径世锦赛男子 60 米跨栏比赛金牌，成为中国首位在该赛事夺金的男子运动员。

哑铃－躯干侧屈

①

手握哑铃，背部挺直，躯干交替向两侧屈曲。

周四 2023.03.09 二月十八

1908 年 3 月 9 日，意大利著名的国际米兰足球俱乐部成立。

弹力带－分腿姿－旋转上提

①

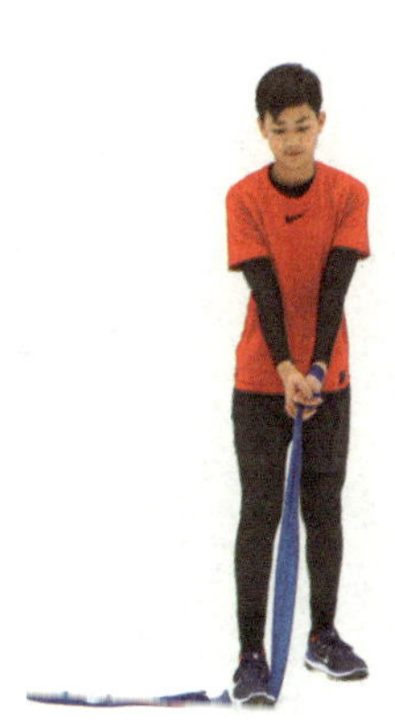

弹力带两端分别固定于前侧脚下方和双手中。

②

保持身体稳定和双臂伸直，上半身向后侧脚旋转，同时双手向上拉弹力带。

1963 年 3 月 10 日，“体操王子”李宁出生。

弹力带－站姿－旋转下砍

①

弹力带两端分别固定于高于头部的地方和双手中，上半身转向固定点，双臂伸直。

②

保持身体稳定和双臂伸直，上半身转向对侧并屈髋屈膝，双手向斜下方拉弹力带。

1995年3月11日，陈露成中国首位花样滑冰世界冠军。

运动后为何及如何有效放松？

有效的放松可以促进体内代谢废物的消除，加速身体恢复，提升运动收益，同时还能规避立刻停止高强度运动所带来的血压急降的风险。运动后即时的有效放松方式包括拉伸、按摩、低强度的慢走、听舒缓的音乐等。此外，运动后进行合理的营养补充、充足的睡眠等，可以帮助青少年更快地从当天的训练疲劳中恢复，精神饱满地开始新的一天。

周日 2023.03.12 **植树节**

2006 年 3 月 12 日，凯内尼萨 · 贝克勒获得室内田径世锦赛男子 3000 米比赛金牌，成为世界首位包揽世锦赛、奥运会，以及室外、室内和越野赛三类田径比赛冠军的运动员。

×1・快速・无间歇

双脚前后跳

8~10s

哑铃－肩上下蹲推举

3 ~ 5 次 / 侧

×2・快速・间歇 60s

哑铃－深蹲跳

5 ~ 8 次

哑铃－悬垂抓举

3 ~ 5 次 / 侧

×2・快速・间歇 60s

哑铃－悬垂高翻

3 ~ 5 次

×2・快速・间歇 60s

周一 2023.03.13 二月廿二

1991 年 3 月 13 日，罗尼·奥沙利文打出单杆 147 分，成为史上最年轻的打出满分杆的运动员。

双脚前后跳

①

屈髋屈膝下蹲，双臂向前摆，双脚向前跳。

双臂向后摆，双脚向后跳。如此有节奏且连续地向前、向后快速小跳。

周二 2023.03.14  二月廿三

1990 年 3 月 14 日，叶荣光达到国际象棋特级大师晋升要求，成为中国首位男子国际象棋特级大师。

哑铃 - 深蹲跳

①

手握哑铃，双臂自然下垂，屈髋屈膝下蹲至大腿与地面接近平行。

②

伸髋伸膝，向上跳起。落地时注意屈膝缓冲。

1991 年 3 月 15 日，谢尔盖·布勃卡创下 6.10 米的室内撑竿跳世界纪录。

哑铃 - 悬垂高翻

①

②

③

① 屈髋屈膝下蹲，手握哑铃于双膝前侧。

② 伸髋伸膝，向上稍稍跳起，同时快速耸肩，屈肘，向上提拉哑铃。

③ 肘部抬至最高处时，翻腕，将哑铃置于肩上，同时屈髋屈膝下蹲，然后起身站直。

周四 2023.03.16 二月廿五

1985 年 3 月 16 日，阎红、关平和徐永久在全国春季马拉松和竞走比赛上分别获女子 10 千米竞走比赛的前三名且同时打破世界纪录。

哑铃－悬垂抓举

①

屈髋屈膝下蹲，单手握哑铃于膝盖附近，对侧手臂自然下垂。

②

伸髋伸膝，向上稍稍跳起，同时快速耸肩，屈肘，向上提拉哑铃。

③

肘部抬至最高处时，翻腕并向上推举哑铃至手臂伸直，同时屈髋屈膝下蹲，然后起身站直。

周五 2023.03.17 二月廿六

1979 年 3 月 17 日，首届业余围棋世锦赛开幕。聂卫平夺得该届比赛冠军。

哑铃 - 肩上下蹲推举

①

屈髋屈膝下蹲，手握哑铃于双肩上方。

②

伸髋伸膝，起身站直，同时双臂向上推举哑铃至手臂伸直。

2005 年 3 月 18 日，李妮娜成为中国首位自由式滑雪世锦赛冠军。

为什么青少年健康的生长发育离不开运动?

运动中，青少年的肌肉骨骼系统和神经系统都会受到外界的刺激，这有利于肌肉、骨骼和神经系统的发育，以及力量、速度、协调性等各项身体素质的发展。多项研究已证实，青少年时期缺乏运动的个体，成年后的动作协调能力较差。此外，运动能帮助青少年缓解紧张、焦虑等负面情绪，提升青少年的心理健康水平；帮助青少年树立正确的人生观、价值观，发展顽强拼搏、团结协作等优秀品质。运动还是青少年重要的社交平台，能帮助他们构建良好的人际关系。

周日 2023.03.19 **二月廿八**

1995年3月19日，迈克尔·乔丹在第一次退役17个月后重返NBA赛场。

上肢力量

×2 · 中速 · 间歇 30s

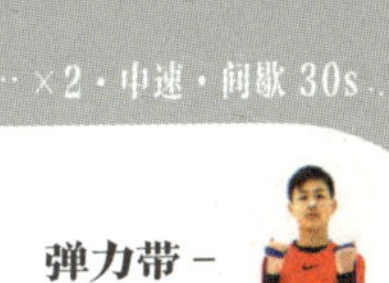

×1 · 慢速 · 无间歇

站姿 -W 形

10 次

弹力带 -站姿 -肱二头肌弯举

8 ~ 10 次

×2 · 中速 · 间歇 30s

弹力带 -站姿上提

8 ~ 10 次 / 侧

弹力带 -长号胸前推

8 ~ 10 次 / 侧

×2 · 中速 · 间歇 30s

弹力带 -站姿下砍

8 ~ 10 次 / 侧

×2 · 中速 · 间歇 30s

周一 —— 2023.03.20 —— 二月廿九

1999 年 3 月 20 日，中国国家女子足球队首夺阿尔加维杯冠军。

站姿 -W 形

①

屈髋屈膝下蹲，双手置于胸前。

②

双侧肩胛骨向下、向内收紧，双臂抬起，与躯干呈 W 形，拇指朝上。

1985 年 3 月 21 日，阿瑟·阿什成为首位入选国际网球名人堂的非裔运动员。

弹力带－站姿上提

①

双手握弹力带两端并置于一侧髋部。

②

身体保持稳定，一侧手不动，对侧手向斜上方拉弹力带至手臂伸直。

周三 2023.03.22 （闰）二月初一

1888 年 3 月 22 日，英格兰足球总会创立英格兰足球联赛，这是世界上首个职业足球联赛。

弹力带－站姿下砍

①

双手握弹力带两端并置于头部斜上方，双臂伸直。

②

身体保持稳定，一侧手不动，对侧手臂保持伸直，手向斜下方拉弹力带。

2022 年 3 月 23 日，连续 114 周世界排名第一的女子网球运动员阿什莉·巴蒂宣布退役。

弹力带－长号胸前推

①

双臂屈曲，双手握弹力带，一侧手置于颈部，对侧手置于颈部前方。

②

身体保持稳定，置于颈部的手不动，对侧手臂向前伸直。

2008 年 3 月 24 日，北京奥运会圣火采集仪式在希腊雅典举行。

弹力带-站姿-肱二头肌弯举

①

双脚踩弹力带中段，双手握弹力带两端，上臂紧贴躯干。

②

身体保持稳定，前臂向上弯举。

周六 2023.03.25 （闰）二月初四

2007 年 3 月 25 日，古力成为中国首个问鼎春兰杯的围棋运动员。

运动中如何补水？

运动中补水，首先要避免“不感到口渴就不用补水”这一误区，因为感到口渴时身体已经处于轻度脱水状态，运动表现和身体健康都会受到一定的影响；其次，应少量多次补水，可每隔 15 ~ 20 分钟补水 150 ~ 200 毫升；最后要注意，进行强度大或持续时间长的运动时，只摄入纯净水是不够的，这样反而会造成体内渗透压变化，增加排汗量和排尿量，延缓身体的复水过程。

2004 年 3 月 26 日，联想集团成为奥运会全球合作伙伴，这是中国企业首次获得该资格。

周一 2023.03.27 （闰）二月初六

1987年3月27日，第一届中国特殊奥运会在深圳开幕。

股四头肌行进拉伸

站立，一侧手抓同侧脚并将其拉向臀部，使股四头肌有牵拉感，对侧手臂向上伸展，保持1～3秒，换对侧重复。两侧交替，向前移动。

周二 2023.03.28 （闰）二月初七

2003年3月28日，两大传奇球星迈克尔·乔丹和科比·布莱恩特进行了NBA赛场上的最后一次交锋。

弹力带 - 半蹲走 - 横向

①

②

手握弹力带，屈髋屈膝下蹲。保持身体高度不变，双脚交替向一侧迈步。

2009 年 3 月 29 日，中国国家女子冰壶队首夺世锦赛冠军。

弹力带 - 深蹲

①

②

双脚踩弹力带中段，双手握弹力带两端，核心收紧，屈髋屈膝下蹲。随后伸髋伸膝站直。

周四　2023.03.30　（闰）二月初九

2008 年 3 月 30 日，北京奥运会圣火交接仪式在希腊帕纳辛纳克斯泛雅典体育场举行。

弹力带－深蹲跳

①

弹力带中段固定于高于头部的位置，双手握弹力带两端，屈髋屈膝下蹲，双臂下摆至体侧。

②

伸髋伸膝，向上跳起，双臂上摆。落地时，屈髋屈膝缓冲。

1980 年 3 月 31 日，现代奥运史上最伟大的运动员之一杰西 · 欧文斯去世。

弹力带－髋后伸

①

弹力带两端固定于脚踝，一侧膝盖屈曲 90 度。

②

膝盖保持屈曲 90 度，大腿向后伸展。

周六　2023.04.01　(闰)二月十一

1958 年 4 月 1 日，中国第一份英文体育刊物《中国体育》在北京创刊。

如何提升青少年的坐位体前屈测试成绩?

柔韧性是影响坐位体前屈测试成绩的主要因素。提升足底、腿部后侧、背部和肩部的柔韧性，有助于提升坐位体前屈测试的成绩。测试前，注意充分拉伸以上部位的肌肉。

1931 年 4 月 2 日，杰基·米歇尔成为首位出现在美国职业棒球大联盟（MLB）赛场上的女子运动员。

核心力量

×2 · 中速 · 间歇 60s

×1 · 慢速 · 无间歇

弹力带 – 仰卧 – 卷腹

5 ～ 8 次

腹肌拉伸 – 动态眼镜蛇

5 ～ 8 次

×2 · 静态保持 · 间歇 30s

弹力带 – 弓步平衡

10~15s / 侧

弹力带 – 跪姿 – 卷腹

5 ～ 8 次

×2 · 中速 · 间歇 60s

弹力带 – 单腿反向平板

10~15s / 侧

×2 · 静态保持 · 间歇 60s

周一 —— 2023.04.03 —— （闰）二月十三

2005 年 4 月 3 日，丁俊晖夺得个人职业生涯首个斯诺克排名赛世界冠军。

腹肌拉伸 - 动态眼镜蛇

①

双肘置于胸部下方，前臂和手支撑躯干。

②

双腿不动，双臂伸直，上推躯干至腹肌有牵拉感，保持 1 ~ 3 秒。

周二 2023.04.04 寒食节

1961 年 4 月 4 日，第 26 届乒乓球世锦赛在北京开幕，这是新中国成立后首次举办的单项世锦赛。

弹力带-弓步平衡

弹力带两端固定于腰部同高处，一侧脚向前迈步，呈弓步姿势。

周三 2023.04.05 清明节

1959 年 4 月 5 日，容国团在乒乓球世锦赛上夺冠，成为中国第一位世界冠军。

弹力带 - 单腿反向平板

①

双手撑于身体后方并压住弹力带两端。

②

向上顶髋至大腿与躯干呈一条直线，同时一侧腿上抬至与地面平行。

周四 2023.04.06 （闰）二月十六

1896 年 4 月 6 日，第一届奥运会在希腊雅典开幕。

弹力带－跪姿－卷腹

①

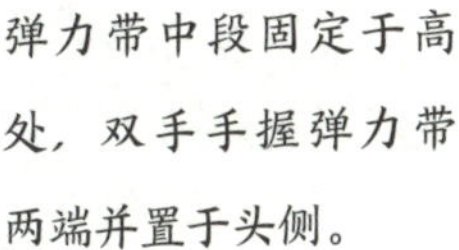

弹力带中段固定于高处，双手手握弹力带两端并置于头侧。

核心收紧，向下卷腹。

周五 2023.04.07 （闰）二月十七

1989 年 4 月 7 日，国际篮球联合会（FIBA）通过允许职业篮球运动员参加奥运会的决议。该决议成就了 1992 年巴塞罗那奥运会上传奇的美国“梦一队”。

弹力带-仰卧-卷腹

①

弹力带中段固定于高处，双手握弹力带两端，双臂向上伸直。

②

核心收紧，手臂保持伸直，向上卷腹。

周六 2023.04.08 （闰）二月十八

2001 年 4 月 8 日，泰格·伍兹赢得美国高尔夫大师赛冠军，成为首位连续获得高尔夫四大满贯赛事冠军的全满贯球员。

运动时崴脚了怎么办？

崴脚后，应立刻停止一切活动，保护好患处，每3～4个小时做一次冷敷，每次不超过20分钟。有条件的话，将患肢架高。如患处有明显的肿胀或剧烈的疼痛，应立即送医就诊，以防耽误骨折或韧带损伤的治疗。

周日 2023.04.09 （闰）二月十九

1961年4月9日，中国国家男子乒乓球队首次捧起世锦赛男子团体冠军奖杯。

上肢力量

×1・慢速・无间歇

跪姿－胸椎旋转

3～5 次 / 侧

哑铃－俯身－侧平举

8～10 次

×2・中速・间歇 30s

弹力带－胸前水平推

8～10 次

哑铃－仰卧－飞鸟

8～10 次

×2・中速・间歇 30s

弹力带－坐姿－直腿划船

8～10 次

×2・中速・间歇 30s

周一 —— 2023.04.10 ——（闰）二月二十

2005 年 4 月 10 日，詹姆斯・沃恩在英格兰足球超级联赛（简称“英超”）中进球，成为英超历史上最年轻的射手。

跪姿－胸椎旋转

以胸椎为轴，头部与躯干向支撑臂旋转至极限，保持1～3秒。

头部与躯干向屈曲臂旋转，直至躯干前部有牵拉感，保持1～3秒。

周二 2023.04.11 （闰）二月廿一

2013年4月11日，14岁的关天朗成为美国高尔夫大师赛最年轻的参赛运动员。

弹力带－胸前水平推

①

双手握弹力带两端，上臂贴紧躯干。

②

身体保持稳定，双手向前推至双臂前平举。

2006 年 4 月 12 日，中国国家男子沙滩足球队在厦门成立。

弹力带－坐姿－直腿划船

弹力带中段固定于脚底，双手握弹力带两端。

身体保持稳定，双臂尽量靠近躯干，双手向上、向后拉弹力带至体侧。

1997年4月13日，泰格·伍兹成为美国高尔夫大师赛史上最年轻的冠军。

哑铃－仰卧－飞鸟

①

双臂向上伸直，手握哑铃，掌心相对。

②

双臂向两侧打开。然后双臂内收，回到起始姿势。

周五　2023.04.14　（闰）二月廿四

1961 年 4 月 14 日，邱钟惠在乒乓球世锦赛中夺冠，成为中国第一个乒乓球女子世界冠军。

哑铃-俯身-侧平举

背部挺直，向前俯身，手握哑铃。

双臂保持伸直，上抬至侧平举，与躯干呈T形。

周六 2023.04.15 (闰)二月廿五

1986年4月15日，第一届奥运会在希腊雅典闭幕。

“青少年应以学业为重，没时间就不要运动了”的说法正确吗？

这种说法不正确。只要合理分配学习和运动的时间，以科学的方法进行运动，青少年的身体素质就会有明显的提升，精力也会更充沛，从而提升学习效率。国内外多项针对在校学生的调查发现，学生参与运动的频率与他们的学业成绩存在一定的正相关。研究表明，运动可以改变大脑，提升个体的注意力、专注力、长期记忆力和认知能力。

周日——2023.04.16——**（闰）二月廿六**

2003年4月16日，迈克尔·乔丹在华盛顿奇才队完成职业生涯告别战。

全身力量

×2 · 中速 · 间歇 30s

×1 · 慢速 · 无间歇

向后弓步旋转

3 ~ 5 次 / 侧

哑铃 - 侧桥飞鸟

3 ~ 5 次 / 侧

×2 · 中速 · 间歇 30s

弹力带 - 站姿 - 过顶躯干侧屈

3 ~ 5 次

弹力带 - 站姿 - 旋转上提

5 ~ 8 次 / 侧

×2 · 中速 · 间歇 30s

弹力带 - 站姿 - 风车

3 ~ 5 次 / 侧

×2 · 中速 · 间歇 30s

周一 —— 2023.04.17 —— （闰）二月廿七

2001 年 4 月 17 日，陶璐娜以 690.8 环的成绩获得女子 25 米手枪比赛的世界杯冠军并打破世界纪录。

向后弓步旋转

① 

一侧脚向后迈步，呈弓步姿势。同侧臂屈曲，前臂置于腹部前方，对侧臂向前伸直。

② 

上半身慢慢向伸直臂一侧旋转至最大幅度，伸直臂向后伸展。

周二 2023.04.18 (闰)二月廿八

2008 年 4 月 18 日，国家体育场“鸟巢”正式启用。在当天举行的国际田径联合会(IAAF)竞走挑战赛中，刘虹获得女子 20 千米竞走比赛冠军。

弹力带－站姿－过顶躯干侧屈

①

双手握弹力带两端，双臂向上伸展。

②

保持背部挺直、身体稳定和双臂伸直，躯干交替向两侧屈曲。

2002 年 4 月 19 日，姚明带领的上海队险胜八一队，获得 CBA 总冠军，成为 CBA 史上第二支冠军球队。

弹力带－站姿－风车

①

弹力带一端固定于双脚下，一侧手叉腰，对侧手握弹力带另一端并置于头部斜上方。

②

保持背部挺直和身体稳定，躯干向非叉腰一侧屈曲。

1963 年 4 月 20 日，陈镜开以 151 公斤的成绩打破了男子举重 60 公斤级世界纪录。

弹力带 - 站姿 - 旋转上提

①

弹力带一端固定于低处，双手握弹力带另一端，上半身转向固定点，双臂伸直。

②

保持身体稳定和双臂伸直，上半身转向对侧，双手向斜上方拉弹力带。

2010 年 4 月 21 日，国际奥委会前主席胡安·萨马兰奇在西班牙巴塞罗那病逝，享年 89 岁。

哑铃－侧桥飞鸟

①

核心收紧，身体呈一条直线，上侧手臂屈曲，手握哑铃。

②

上侧手臂向上伸直。

周六 2023.04.22 三月初三

2007 年 4 月 22 日，周春秀获得伦敦马拉松赛女子组冠军。

脱水会给身体带来哪些负面影响？

当身体流失的水分达到体重的 1% ~ 3% 时，核心温度升高，疲劳加剧；运动能力下降；注意力不集中，没有精神；神经肌肉控制能力下降；更容易出现抽筋现象。因此，在运动前、中、后都需要重视补水。

周日 —— 2023.04.23 —— 三月初四

1988 年 4 月 23 日，李梅素以 21.76 米的成绩创女子铅球亚洲纪录，至今无人打破。

爆发力

×2 · 快速 · 间歇 60s

×1 · 快速 · 间歇 30s

双脚左右跳

10s

药球－胸前抛接球

3 ~ 5 次

×2 · 中速 · 间歇 60s

哑铃－单臂悬垂高翻

3 ~ 5 次 / 侧

×2 · 快速 · 间歇 60s

药球－深蹲跳

5 ~ 8 次

哑铃－借力下蹲上推

3 ~ 5 次

×2 · 快速 · 间歇 60s

周一 2023.04.24 三月初五

2019 年 4 月 24 日，谢文骏以 13.21 秒的个人最好成绩在田径亚锦赛中获得男子 110 米栏的冠军，同时创下 2019 年该项目的世界最好成绩并打破由刘翔在 8 年前创造的该项目的亚锦赛纪录。

双脚左右跳

①

屈髋屈膝下蹲，双脚向一侧跳。

②

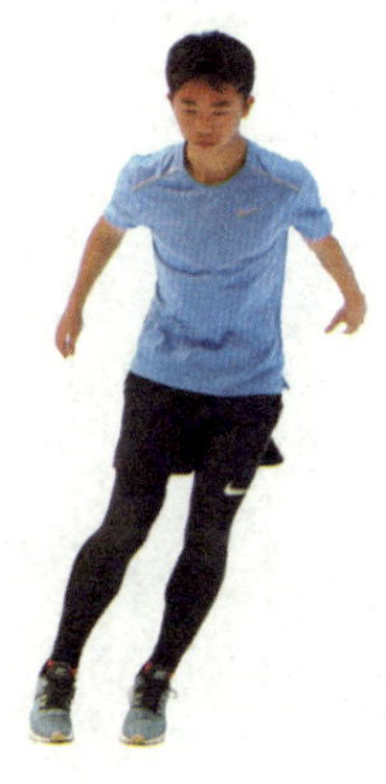

双脚向对侧跳。如此有节奏且连续地向两侧快速小跳，同时双臂前后摆动。

1965 年 4 月 25 日，庄则栋成为乒乓球世锦赛史上首位获得男子单打三连冠的运动员。

哑铃－单臂悬垂高翻

①

屈髋屈膝下蹲，单手握哑铃于膝盖附近，对侧手臂自然下垂。

②

伸髋伸膝，向上稍稍跳起，同时快速耸肩，屈肘，向上提拉哑铃。

③

肘部抬至最高处时，翻腕，将哑铃置于肩上，同时屈髋屈膝下蹲，然后起身站直。

周三 2023.04.26 三月初七

1981 年 4 月 26 日，中国在乒乓球世锦赛上首度包揽全部 7 枚金牌。

哑铃－借力下蹲上举

①

手握哑铃置于肩部上方。

屈髋屈膝下蹲，同时双手向上推举哑铃至手臂伸直。

③

伸髋伸膝，向上跳起，落地时，稍稍屈膝缓冲。

周四 2023.04.27 三月初八

2020 年 4 月 27 日，中央全面深化改革委员会第十三次会议审议通过《关于深化体教融合 促进青少年健康发展的意见》，以推动体育教育改革，促进学生健康成长、全面发展。

药球－深蹲跳

①

双手抱药球于胸前，屈髋屈膝下蹲。

②

伸髋伸膝，向上跳起。落地时，屈髋屈膝缓冲。

1956 年 4 月 28 日，《中华人民共和国运动员等级制度条例（草案）》发布，运动员被分为运动健将、一级、二级、三级和少年级。

药球－胸前抛接球

① 

双手接住同伴抛来的药球。

② 

双手抱药球于胸前，上半身后仰缓冲。

③ 

利用腹肌的力量拉起上半身，同时双臂向前伸直，双手将药球抛给同伴。

周六 2023.04.29 三月初十

2007 年 4 月 29 日，“全国亿万青少年学生阳光体育运动”全面启动。开展这一运动是新时期加强青少年体育、增强青少年体质的战略举措。

如何提升青少年的肺活量测试成绩？

可以通过以下方法提高肺活量：（1）有氧运动，如游泳、慢跑、快步走、跳舞等；（2）腹式呼吸，具体方法为用鼻子缓慢地吸气，屏住呼吸3～4秒，用嘴巴缓慢地呼气，这样练习5～10分钟；（3）吹奏乐器，喜欢乐器的青少年可以使用该方法。

2005年4月30日，若泽·穆里尼奥率领切尔西足球俱乐部首夺英超冠军。

上肢力量

×1·静态保持·无间歇

三角肌前束 – 主动拉伸

30s

药球 – 单球俯卧撑

3 ~ 5 次

平板支撑 – 手肘交替

5 ~ 8 次

×2·中速·间歇 60s

×2·中速·间歇 30s

俯卧撑 – 转体

3 ~ 5 次/侧

BOSU 球 – 稳定面 – 俯卧撑

5 ~ 8 次

×2·中速·间歇 30s

周一 2023.05.01 劳动节

1957 年 5 月 1 日，戚烈云以 1 分 11.6 秒的成绩打破男子 100 米蛙泳世界纪录，成为中国首位打破游泳世界纪录的运动员。

三角肌前束－主动拉伸

身体保持稳定，双臂上抬至三角肌前束有牵拉感。

周二　2023.05.02　三月十三

1964 年 5 月 2 日，中国国家登山队登上希夏邦马峰。

俯卧撑 - 转体

①

核心收紧，身体呈一条直线。身体下降至双肘屈曲 90 度。

随后推起身体至双臂伸直。

②

身体向一侧旋转，非支撑手臂向上伸直，身体呈 T 形。

周三 2023.05.03 三月十四

2007 年 5 月 3 日，常规赛排名第八的勇士队淘汰常规赛豪胜 67 场、排名第一的小牛队，创造“黑八奇迹”。

BOSU 球 - 稳定面 - 俯卧撑

① 

双手撑于球面上，核心收紧，身体呈一条直线。

② 

身体下降至双肘屈曲 90 度。随后推起身体至双臂伸直。

2015 年 5 月 4 日，史蒂芬·库里获得职业生涯首座常规赛 MVP 奖杯。

平板支撑－手肘交替

核心收紧，身体呈一条直线。

一侧手肘屈曲90度，前臂撑于垫上。

另一侧手肘屈曲90度，呈屈臂平板支撑姿势。随后双臂依次伸直。

1988年5月5日，中日尼联合登山队分南、北两路攀登珠穆朗玛峰，最终在顶峰成功会师，实现南上北下和北上南下大跨越。

药球 - 单球俯卧撑

单手撑于球上，核心收紧，身体呈一条直线并下降至撑地侧手肘屈曲 90 度。

推起身体，将球移至对侧手下，重复动作。两侧交替。

1954 年 5 月 6 日，牛津大学医学院学生罗杰 · 班尼斯特在煤渣跑道上以 3 分 59 秒 4 的成绩完成 1 英里（约 1.6 千米）跑，成为世界上第一个突破 1 英里跑 4 分钟大关的人。

运动时抽筋了怎么办？

肌肉抽筋时，应立即停止运动，往反方向牵拉痉挛的肌肉，还可使用局部按摩及重力按压、揉捏肌肉等方式。此外，按摩后进行热敷往往效果更好。想要避免在运动中出现抽筋的情况，一定要重视运动前的热身和运动后的放松，还要注意在运动中及时补水，在运动之余保证充足的休息和营养。

周日 —— 2023.05.07 —— 三月十八

2017 年 5 月 7 日，中共中央、国务院发出《关于加强青少年体育增强青少年体质的意见》，以推动少年体育运动的蓬勃发展和青少年体质的不断提高。

核心力量

×2·中速·间歇 60s

×1·慢速·无间歇

瑞士球－站姿－单腿平衡旋转

3～5次/侧

臀桥－军步屈髋－动态交替

3～5次

×2·慢速·间歇 60s

×2·中速·间歇 30s

仰卧－直膝抬腿

5～8次

超人式

5～8次

仰卧－手摸脚跟

8～10次

×2·中速·间歇 30s

周一 2023.05.08 三月十九

2008年5月8日，北京奥运会圣火在珠穆朗玛峰点燃，这是奥运圣火首次登上世界最高峰。

瑞士球－站姿－单腿平衡旋转

①

单腿撑地，双手抱球于身体一侧。

②

核心收紧，保持身体稳定，将瑞士球缓慢地移至身体对侧。

1993 年 5 月 9 日，第一届东亚运动会在上海开幕。

仰卧－直膝抬腿

①

仰卧，双腿伸直，双臂自然放于身体两侧。

②

核心收紧，双腿上抬至与地面垂直。全程双腿尽可能伸直。

2005年5月10日，苏迪曼杯羽毛球团体赛首次在中国举行。在这一届比赛上，中国国家羽毛球队第五次获得苏迪曼杯冠军，成为该赛事第一个五连冠球队。

仰卧 - 手摸脚跟

②

仰卧，核心收紧，上背部抬起，双手交替触碰同侧脚跟。

周四 2023.05.11 **三月廿二**

1997 年 5 月 11 日，国际象棋之王加里·卡斯帕罗夫输给计算机“更深的蓝”，这是计算机首次击败国际象棋世界冠军。

超人式

①

俯卧，双臂和双腿伸直，脚尖着地。

②

核心收紧，胸部、双臂和双腿同时抬离垫面。

周五 2023.05.12 **三月廿三**

1997 年 5 月 12 日，苏西 · 马洛尼下水，在防鲨网的保护下，不间断地游了 180 千米，于次日完成从古巴到美国佛罗里达州的横渡，创下超长距离游泳世界纪录。

臀桥－军步屈髋－动态交替

①

仰卧，双膝屈曲，一侧脚跟撑垫，对侧腿抬至小腿与地面平行。

②

向上顶髋至支撑侧大腿与躯干呈一条直线，非支撑侧大腿与躯干垂直，然后换对侧腿抬起。身体保持稳定，双腿交替抬起。

周六　2023.05.13　三月廿四

1950 年 5 月 13 日，世界一级方程式锦标赛（F1）首个赛季开赛。朱塞佩·法雷纳成为第一个 F1 世界冠军。

青少年是否能进行力量训练？

国内外研究证明，有监督、有计划、科学合理的力量训练是一种非常安全、有效的训练方式。但需要注意，不可以照搬成年人的训练计划，而应为青少年设计与其所处的生长发育阶段和相应敏感期相符合的训练计划。建议不满14周岁的青少年只进行一般性力量训练，等满14周岁后再进行专项力量训练。同时，青少年训练时，家长或教师应进行监督，指导青少年先正确掌握技术动作，再逐步增加训练负荷，从而科学、安全地训练。

周日 2023.05.14 三月廿五

1996年5月14日，NBA传奇球星“魔术师”埃尔文·约翰逊宣布退役。

下肢力量

×2·快速·间歇60s

弓步跳

5～8次

×1·静态保持·无间歇

BOSU球－稳定面－半蹲静力

10~15s

BOSU球－稳定面－后腿抬高分腿蹲

5～8次/侧

×2·中速·间歇60s

×2·中速·间歇60s

BOSU球－稳定面－深蹲

5～8次

徒手蹲－单腿

5～8次/次

×2·中速·间歇60s

周一　2023.05.15　三月廿六

1992年5月15日，中国国家女子羽毛球队成为尤伯杯史上第一支五连冠球队。

BOSU 球 - 稳定面 - 半蹲静力

核心收紧，双臂前平举，屈髋屈膝下蹲，膝盖与脚尖方向一致。

2013 年 5 月 16 日，大卫·贝克汉姆宣布在赛季结束后退役。

BOSU 球－稳定面－深蹲

①

②

核心收紧，双臂前平举，屈髋屈膝下蹲至大腿与地面平行，膝盖与脚尖方向一致。随后伸髋伸膝站直。

1984 年 5 月 17 日，首次参加尤伯杯的中国国家女子羽毛球队即获得尤伯杯冠军。

徒手蹲 - 单腿

① 

单腿撑地，核心收紧，屈髋屈膝下蹲，膝盖与脚尖方向一致。随后伸髋伸膝站直。

周四 2023.05.18 三月廿九

2013 年 5 月 18 日，霍耶尔 · 拉尔森当选新一届羽毛球世界联合会（BWF）主席，成为该组织首位曾获得奥运会金牌的主席。

BOSU 球 - 稳定面 - 后腿抬高分腿蹲

①

②

弓步站立，后腿撑于球面上。核心收紧，屈髋屈膝下蹲至前侧大腿与地面平行，膝盖与脚尖方向一致。随后伸髋伸膝站直。

周五 2023.05.19 四月初一

2005 年 5 月 19 日，中国国家男子花剑队获得 2004 年“体育与公平竞争”奖，以褒奖他们在 2004 年雅典奥运会上对体育精神的践行：面对不公平判罚，仍顽强拼搏。

弓步跳

①

②

弓步站立，双膝屈曲 90 度。双脚蹬地，向上跳起，落地时交换双腿的位置。

2003 年 5 月 20 日，姚明荣获劳伦斯年度最佳新人奖，成为中国第一位获得该奖项的运动员。

如何提升青少年的 1 分钟仰卧起坐测试成绩？

腹部肌肉力量和耐力是影响坐位体前屈测试成绩的关键因素。此外，测试时，不正确的动作不会被计数，这也会影响测试成绩。青少年可以通过卷腹、两头起、仰卧起坐等训练动作来增强核心力量，还要掌握测试规定的仰卧起坐动作。注意，进行仰卧起坐时，抱头的双手不要过于发力，以免损伤颈椎。

周日 2023.05.21 小满

1904 年 5 月 21 日，FIFA 在法国巴黎成立。

全身力量

×2・中速・间歇 60s

俯卧－模拟蛙泳

10~15s

×1・慢速・无间歇

垫步跳－横向

5 ~ 8 米

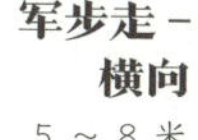

桌式爬行－横向

5 ~ 8 米

×2・中速・间歇 60s

军步走－横向

5 ~ 8 米

×2・中速・间歇 60s

螃蟹爬行－纵向

5 ~ 8 米

×2・中速・间歇 60s

1963 年 5 月 22 日，AC 米兰足球俱乐部首次赢得欧洲冠军联赛冠军。

俯卧－模拟蛙泳

核心收紧，胸部、双臂和双腿抬离垫面。

双臂向身体两侧画圈至向前伸直。然后收回。如此模拟蛙泳动作。

③

周二　2023.05.23　四月初五

1990 年 5 月 23 日，第一届乒乓球世界杯团体赛落幕，中国国家乒乓球队收获女子团体金牌和男子团体银牌。

桌式爬行－横向

①

双手和双脚撑地，双膝位于髋部正下方。

②

核心收紧，身体高度保持不变，同侧手和脚向一侧移动，然后换对侧重复。两侧交替，向身体一侧移动。

周三 2023.05.24 四月初六

1995年5月24日，马晓春获得中国围棋史上第一个职业赛事世界冠军。

螃蟹爬行－纵向

核心收紧，保持臀部离地、身体高度不变，一侧脚和对侧手向前移动。

②

换对侧重复。两侧交替，向前移动。

周四 2023.05.25 **四月初七**

1960 年 5 月 25 日，中国国家登山队首次登上珠穆朗玛峰，这是人类历史上第一次从北坡登顶世界最高峰。

军步走－横向

①

一侧腿抬至大腿与地面接近平行。

②

支撑腿蹬地并抬至大腿与地面接近平行，之前抬起的脚用力落向身体一侧的地面。两侧交替，向身体一侧移动。

周五 2023.05.26 四月初八

1923 年 5 月 26 日，首届勒芒 24 小时耐力赛开赛。

垫步跳－横向

①

一侧腿抬至大腿与地面接近平行，同时对侧腿向上跳起。

②

支撑腿蹬地并抬至大腿与地面接近平行，之前抬起的脚落向身体一侧的地面后随即向上跳起。两侧交替，向身体一侧移动。

周六 2023.05.27 四月初九

1975 年 5 月 27 日，潘多成为世界首位从北坡登顶珠穆朗玛峰的女性。

青少年具有身材焦虑怎么办？

随着年龄的增长和青春期的到来，青少年会进入发育高峰期，在这个时期，青少年的外形会发生很大的变化。“爱美之心，人皆有之”，青少年会越来越在意自己的身材，但有些会形成不健康的审美观。家长和教师应与青少年多沟通，引导他们树立健康的审美观，正确认识自己的身体在青春期出现的变化。同时，引导青少年定期参与运动，一方面，通过运动提升健康水平，收获理想身材，另一方面，运动有助于培养青少年自信和开朗的性格。

周日 2023.05.28 四月初十

1993 年 5 月 28 日，吕圣荣当选 BWF 主席，成为 BWF 史上第一位女性主席。

周一 2023.05.29 四月十一

1953 年 5 月 29 日，埃德蒙·希拉里和丹增·诺盖成功登上珠穆朗玛峰，这是人类首次登顶世界最高峰。

下犬式

①

双手和双脚撑地，臀部上抬，双臂和双腿伸直，身体呈倒V形，双腿后侧和躯干后侧肌肉有牵拉感。

②

1992 年 5 月 30 日，叶乔波被授予“体坛尖兵”称号。她是亚洲第一位短距离速度滑冰全能世界冠军。

踝关节八字跳

①

双脚向上跳起，同时脚尖转动至双脚呈内八字。

②

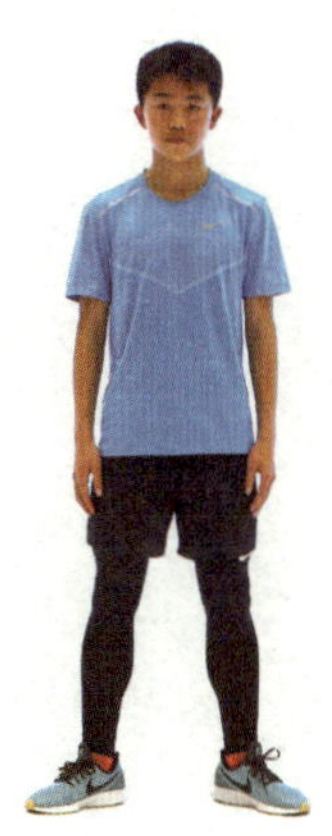

双脚继续向上跳起，同时脚尖转动至双脚呈外八字。以这种方式连续跳跃。

2004 年 5 月 31 日，凯内尼萨·贝克勒在 IAAF 黄金大奖赛上，以 12 分 37.35 秒的成绩刷新男子 5000 米世界纪录。该世界纪录直到 2020 年才被打破。

屈髋外展跳

①

一侧腿抬起大腿与地面接近平行，对侧脚向上跳起。

②

在空中时，抬起腿外展至最大幅度。落地后随即换对侧重复。两侧交替。

周四 2023.06.01 儿童节

1993 年 6 月 1 日，跳水世界杯在北京闭幕，中国国家跳水队包揽该赛事的全部 9 枚金牌，创下史上最好成绩。

对侧肘碰膝垫步跳

①

背部挺直，一侧腿抬起并与对侧手肘触碰，同时对侧脚向上跳起。

落地后随即换对侧重复。两侧交替。

周五 2023.06.02 四月十五

1985 年 6 月 2 日，卡里姆·阿布杜尔-贾巴尔的 NBA 季后赛总得分超越杰里·韦斯特，升至 NBA 季后赛得分榜第一位。

十字跳

①

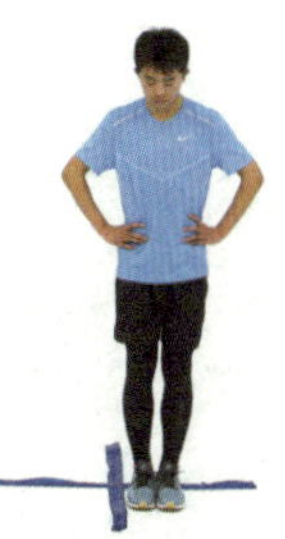

双手叉腰站立。

②

向右跳，跳入右侧区域。

③

沿斜线跳，跳入对角区域。

④

向右跳，跳入右侧区域。然后跳回起始区域，以此方式连续跳跃。

周六 2023.06.03 四月十六

1961 年 6 月 3 日，赵素霞成为中国第一位打破射箭世界纪录的运动员。

对于青少年来说，哪些减肥方法不可取？

常见的减肥方法有两大类：物理减肥法和化学减肥法。青少年不可取的物理减肥法包括：节食断食、桑拿脱水、催吐、过量排汗等；不可取的化学减肥法包括：服用泻药、减肥产品和药物等。规律的运动搭配合理的饮食才是健康的减肥方式。

周日 2023.06.04 **四月十七**

2011年6月4日，李娜在法国网球公开赛（简称“法网”）获得职业生涯首个也是亚洲首个大满贯冠军。

上肢力量

×2 · 中速 · 间歇 30s

×1 · 慢速 · 无间歇

站姿 -T 形

10 次

哑铃 -
颈后臂屈伸

8 ～ 10 次

×2 · 中速 · 间歇 30s

哑铃 -
站姿 -
耸肩

8 ～ 10 次

哑铃 -
基本弯举

8 ～ 10 次

×2 · 中速 · 间歇 30s

哑铃 - 站姿 -
交替前侧平举

8 ～ 10 次

×2 · 中速 · 间歇 30s

周一 —— 2023.06.05 —— 四月十八

1999 年 6 月 5 日，网球历史上唯一的“年度金满贯”得主施特菲 · 格拉芙在法网中夺冠，拿到职业生涯最后一个大满贯冠军。

站姿-T形

①

屈髋屈膝下蹲，双臂自然下垂。

②

双侧肩胛骨向下、向内收紧，双臂抬起并向外打开，与躯干呈T形，拇指朝上。

2013年6月6日，中国国家女子水球队首夺世界大赛冠军。

哑铃 - 站姿 - 耸肩

①

②

手握哑铃，双臂自然垂于体侧，向上耸肩。

1956年6月7日，陈镜开以133公斤的成绩打破56公斤级挺举世界纪录，创造了中国第一个世界纪录。

哑铃-站姿-交替前侧平举

①

手握哑铃，一侧手臂前平举，对侧手臂侧平举。

②

换对侧重复。两侧交替。

1998年6月8日，约瑟夫·布拉特当选FIFA主席。他在任期间，促成FIFA世界杯在非洲和亚洲举办，进一步推动了足球在全球的传播。

哑铃－基本弯举

①

②

手握哑铃，上臂紧贴身体，前臂向上弯举。

周五 2023.06.09 四月廿二

1990年6月9日，《中国学校体育》画册在人民大会堂首发。该画册生动展现了新中国成立以来学校体育的蓬勃发展与所获成就。

哑铃－颈后臂屈伸

①

双臂伸直，双手握哑铃于头顶。

②

上臂不动，手肘屈曲，降低哑铃。

周六 2023.06.10 四月廿三

2018 年 6 月 10 日，拉斐尔·纳达尔第 11 次在法网中夺冠，刷新法网夺冠次数的世界纪录。

青少年如何提高立定跳远测试成绩？

立定跳远是短时爆发性项目，针对性的提升训练应以爆发性练习为主。立定跳远测试对技术的要求较高，青少年必须掌握下肢充分蹬伸动作与手臂动作的配合。身体素质训练方面，应通过纵跳、单腿跳、跳深等快速伸缩复合练习重点发展下肢爆发力、力量，同时加强核心力量，以提升力量传递效率。要注意的是，进行跳跃类练习时，一定要在落地时屈膝缓冲，以免给膝盖带去过大的冲击力而引发损伤。

周日 2023.06.11 四月廿四

1989 年 6 月 11 日，年仅 17 岁的张德培获得法网男子单打比赛冠军，成为网球史上最年轻的大满贯得主。

下肢力量

×2 · 中速 · 间歇 30s

×1 · 慢速 · 无间歇

迷你带－站姿－髋前屈－外旋位

5～8次/侧

哑铃－俯卧－腘绳肌收缩

8～10次

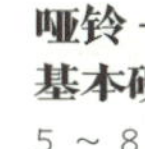

×2 · 中速 · 间歇 30s

哑铃－基本硬拉

5～8次

×2 · 中速 · 间歇 60s

哑铃－深蹲

5～8次

哑铃－前弓步

5～8次/侧

×2 · 中速 · 间歇 60s

周一 2023.06.12 四月廿五

1981年6月12日，史美琴获得跳水世界杯女子3米板比赛金牌，成为中国首位跳水世界冠军。

迷你带 - 站姿 - 髋前屈 - 外旋位

① 

双手叉腰，身体保持稳定，一侧腿向外、向上抬起。

周二 2023.06.13 四月廿六

2019 年 6 月 13 日，科怀·莱昂纳德带领猛龙队夺得队史首个 NBA 总冠军并荣膺总决赛 MVP，成为 NBA 历史上第一位分别带领东、西部球队获得 NBA 总冠军并拿到总决赛 MVP 的球员。

哑铃 - 深蹲

①

②

手握哑铃，屈髋屈膝下蹲，膝盖与脚尖方向一致。随后伸髋伸膝站直。

1998 年 6 月 14 日，迈克尔·乔丹以一记准绝杀助力公牛队获得 NBA 总冠军，夺得职业生涯第六个 NBA 总冠军。

哑铃 - 前弓步

①

手握哑铃，一侧脚向前迈至大腿与地面接近平行，呈弓步姿势。

周四　2023.06.15　四月廿八

2003 年 6 月 15 日，李婷、孙甜甜及郑洁、晏紫包揽维也纳网球公开赛女子双打比赛冠、亚军。

哑铃 - 基本硬拉

①

背部挺直，屈髋屈膝下蹲，手握哑铃，双臂自然下垂。

②

臀部发力，向前挺髋，上拉哑铃，起身站直。

周五 2023.06.16 四月廿九

1985 年 6 月 16 日，韩健成为中国第一位在羽毛球世锦赛上获得男子单打比赛冠军的运动员。

哑铃－俯卧－腘绳肌收缩

①

②

双脚夹哑铃，屈膝至小腿与地面垂直。

周六 2023.06.17 四月三十

2010 年 6 月 17 日，科比·布莱恩特率领的湖人队赢得“抢七”大战，拿下队史的第 16 个 NBA 年度总冠军。科比·布莱恩特获得个人的第五个 NBA 年度总冠军并蝉联总决赛 MVP。

“节食是最高效的减肥方法”的说法正确吗？

这种说法不正确，节食是非常不科学的减肥方法。青春期是人体生长发育的第二高峰期，此时青少年生长发育的速度很快，身体对各种营养物质的需求要比成年人高许多，尤其是对蛋白质、矿物质及维生素等营养物质。节食会影响组织器官的发育，导致器官功能低下，抵抗力下降，身体易感到疲倦、虚弱，还易感染疾病。有减肥需求的青少年应建立良好的生活方式，进行适量的运动和合理的饮食，这才是正确的减肥方法。

周日 2023.06.18 **五月初一**

1972 年 6 月 18 日，联邦德国队首次夺得欧洲足球锦标赛（也被称为“欧洲杯”）冠军。

×1 · 静态保持 · 无间歇

瑞士球－侧向伸展

30s / 侧

瑞士球－抱球抗阻

10~15s

×2 · 中速 · 间歇 30s

瑞士球－仰卧－夹球举腿

8 ~ 10 次

药球－仰卧起坐

8 ~ 10 次

药球－仰卧起坐－过顶推举

5 ~ 8 次

×2 · 中速 · 间歇 30s

×2 · 中速 · 间歇 30s

周一 —— 2023.06.19 —— 五月初二

1958 年 6 月 19 日，北京电视台完成中国首次体育比赛电视直播，这标志着中国体育电视开启新时代。

瑞士球－侧向伸展

侧卧于球上，躯干侧面贴球，核心收紧，保持身体稳定。

周二 2023.06.20 五月初三

1952 年 6 月 20 日，中华全国体育总会在北京成立。它是中国的全国群众性体育组织，旨在推动群众性体育运动的发展。

药球-仰卧起坐

①

双臂伸直并置于耳侧，双手握球于头顶。

②

双臂保持伸直，利用腹肌的力量拉起上半身。

1970 年 6 月 21 日，巴西队以 4 比 1 的比分战胜意大利队，成为足球史上首个获得 3 次世界杯冠军的球队，从而可以永久保存第 1 个世界杯奖杯“雷米特杯”。

药球－仰卧起坐－过顶推举

①

双手握球于胸前。

②

利用腹肌的力量拉起上半身，同时双手向上推举药球至双臂伸直。

周四　2023.06.22　端午节

1986 年 6 月 22 日，在墨西哥世界杯阿根廷队对阵英格兰队的四分之一决赛中，迭戈·马拉多纳连过 5 人后破门，成就世界杯经典进球。在这场比赛中，他还有一记手球破门却被裁判误判有效的进球，这一颇受争议的进球后被评为“世纪进球”。

瑞士球－仰卧－夹球举腿

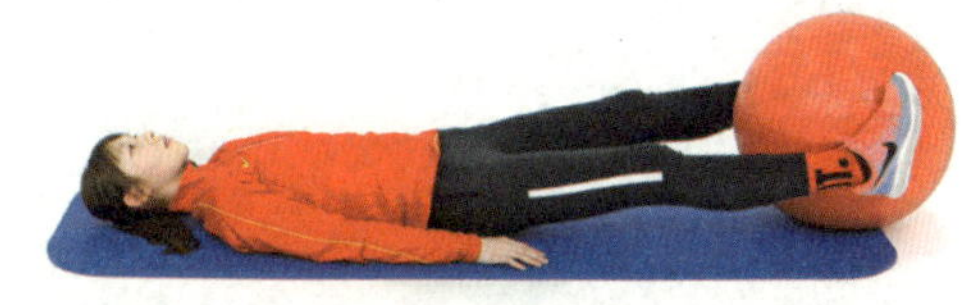

双脚夹球。

核心收紧，背部贴垫，屈髋屈膝，双脚将瑞士球夹起至大腿与地面接近垂直。

周五 2023.06.23 **五月初六**

1894 年 6 月 23 日，国际奥委会成立。

瑞士球 - 抱球抗阻

核心收紧，尽可能对抗搭档通过瑞士球进行的不定向干扰，保持身体稳定和球的位置不变。

周六 2023.06.24 五月初七

1984 年 6 月 24 日，平亚丽获得中国首枚残奥会金牌。

经常跷二郎腿对青少年有何危害?

经常跷二郎腿会导致骨盆向一侧倾斜，妨碍血液和淋巴的循环，使下肢的代谢减弱并容易堆积脂肪，最终导致青少年具有不良的体态和肥胖问题。

周日 2023.06.25 五月初八

1988 年 6 月 25 日，荷兰队首次夺得欧洲杯冠军。

上肢力量

×1 · 慢速 · 无间歇

脚跟坐姿－胸椎旋转 3～5次／侧

×2 · 中速 · 间歇 30s

哑铃－俯身－单腿划船 8～10次／侧

×2 · 中速 · 间歇 30s

哑铃－俯身－侧平举 8～10次

×2 · 中速 · 间歇 30s

哑铃－俯卧撑 8～10次

×2 · 中速 · 间歇 30s

弹力带－胸前斜上推 8～10次

周一 2023.06.26 五月初九

2002年6月26日，姚明成为NBA选秀史上第一位亚洲状元。

脚跟坐姿－胸椎旋转

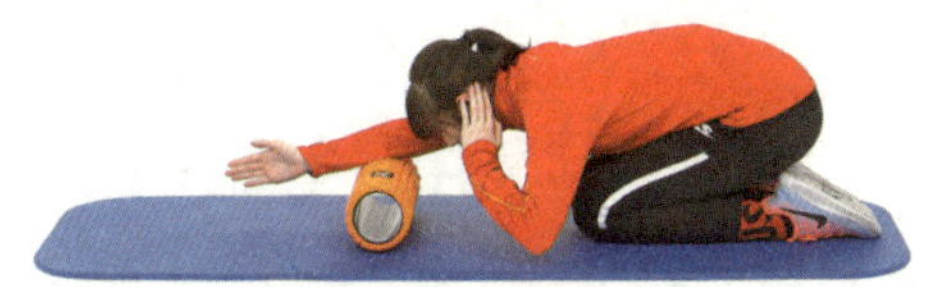

一侧手臂屈曲，手置于耳旁，
对侧手臂伸直并置于泡沫轴上。

以胸椎为轴，头部和躯干向屈曲臂的一侧旋转，手肘指向天花板，躯干前侧有牵拉感，保持1～3秒。

1984年6月27日，法国队首次夺得欧洲杯冠军。

弹力带 - 胸前斜上推

①

弹力带中段固定于上背部，双臂屈曲，双肘向外打开，双手握弹力带两端。

②

身体保持稳定，双手向斜上方推至双臂伸直。

1958 年 6 月 28 日，朱斯特 · 方丹以 13 个进球成为在一届世界杯上进球最多的足球运动员。

哑铃－俯卧撑

手握哑铃，撑于垫上，身体呈一条直线。

②

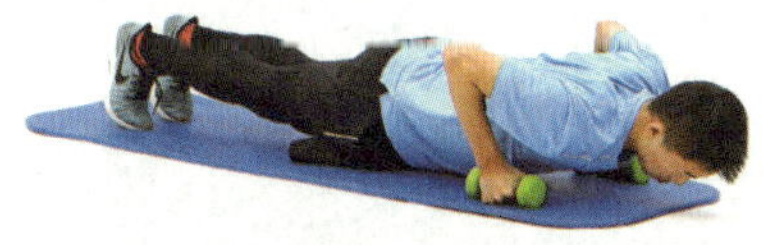

身体下降至胸部几乎触垫。随后推起身体至双臂伸直。

周四 2023.06.29 五月十二

2004 年 6 月 29 日，两届 NBA 得分王特雷西 · 麦克格雷迪加盟火箭队，著名的“姚麦组合”就此诞生。

哑铃 - 俯身 - 侧平举

①

屈髋屈膝下蹲并向前俯身，手握哑铃，双臂自然下垂。

②

身体保持稳定，双臂上抬至平行于地面、与身体呈T形。

周五 2023.06.30 五月十三

1969年6月30日，NBA史上获得总冠军次数最多（11次），被称为“指环王”的运动员比尔·拉塞尔宣布退役。

哑铃－俯身－单腿划船

①

单腿撑地，支撑腿屈髋屈膝下蹲并向前俯身，手握哑铃，双臂自然下垂。

②

身体保持稳定，双肘屈曲，将哑铃上拉至体侧。

周六 2023.07.01 建党纪念日

1950年7月1日，中国第一份体育刊物《新体育》创刊。

青少年如何在变声期保护嗓子？

（1）合理地使用嗓子。在变声期，嗓子多处于慢性充血状态，过度使用嗓子会引起嗓子的疲劳。因此，无论是唱歌还是说话，都不要过于用力，应避免声嘶力竭地喊叫或唱歌。

（2）少吃具有刺激性的食物，如辣椒、蒜、葱、醋等。此外，过冷或过热的食物也有可能损伤声带，处于变声期的青少年应在摄入这些食物上有所节制；酒精和香烟对嗓子伤害很大且不易于健康，青少年一定要远离。鼓励青少年饮食多样化，多吃水果、蔬菜，注意补充钙和蛋白质，多吃富含胶原蛋白和B族维生素的食品。

（3）科学认识发育规律，正确看待嗓音的变化，保持良好的心态。除医嘱外，不建议处于变声期的青少年使用药物进行护嗓干预。同时，青少年要保证充足的睡眠。

周日 2023.07.02 五月十五

1971年7月2日，温布尔登网球锦标赛（简称“温网”）女子单打决赛首次上演澳大利亚德比之战，伊凡妮·古拉贡获胜，获得自己的第一个该赛事冠军。

×1・静态保持・无间歇

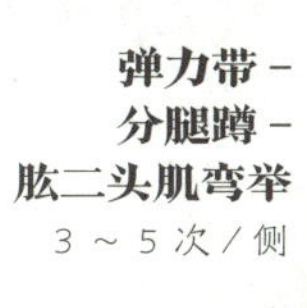

×2・中速・间歇 30s

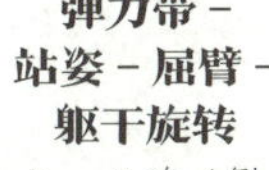

壶铃－前蹲－
过顶推举
3 ～ 5 次 / 侧

瑞士球－上斜－
交替提膝
5 ～ 8 次

×2・中速・间歇 60s

×2・中速・间歇 60s

周一 2023.07.03 五月十六

2008 年 7 月 3 日，北京奥运会奖牌完成交付，该奖牌以玉石为材料之一，是奥运史上首次使用双材料制作的奖牌。

站姿－腘绳肌拉伸

①

一侧腿向前伸直，双手扶屈曲腿的膝盖。

②

身体前倾至腘绳肌有牵拉感。

2001 年 7 月 4 日，詹路易吉·布冯以 3260 万英镑转会至尤文图斯足球俱乐部，成为史上转会费最高的守门员。

弹力带－站姿－屈臂－躯干旋转

①

弹力带一端固定于高处，上半身转向固定点，双手握弹力带另一端于胸前。

②

向远离固定点的一侧旋转躯干，双臂相对躯干保持固定。

1969 年 7 月 5 日，罗德·拉沃尔获得温网冠军，成为第一位拿下该赛事四连冠的运动员。

壶铃 - 前蹲 - 过顶推举

①

一侧手持壶铃于上臂前方，对侧臂侧平举，屈髋屈膝下蹲，膝盖与脚尖方向一致。

②

快速伸髋伸膝起身，同时向上推举壶铃至手臂伸直。

1996 年 7 月 6 日，年仅 15 岁的玛蒂娜·辛吉斯获得温网女子双打比赛冠军，成为最年轻的大满贯冠军。

瑞士球 - 上斜 - 交替提膝

①

双臂和上半身不动，一侧腿屈髋屈膝，膝盖靠近胸部。

②

换对侧重复。保持身体稳定，两侧交替提膝。

周五 2023.07.07 小暑

2013 年 7 月 7 日，薛晨、张希为中国赢得首个沙滩排球世锦赛冠军。

弹力带－分腿蹲－肱二头肌弯举

①

前后分腿蹲，前侧脚踩弹力带中段，双手各握弹力带一端。

②

上臂紧贴躯干，前臂向上弯举。

2012 年 7 月 8 日，罗杰·费德勒获得温网男子单打比赛冠军，成为公开赛时代获得大满贯男子单打冠军最多（17 个）的运动员。

如何提升青少年的引体向上测试成绩？

引体向上对身体素质的要求较高，很多学生一开始都难以完成一个标准的引体向上，此时家长和教师应多鼓励学生，并指导他们使用退阶训练法，从直臂悬垂、引体离心下降等训练动作开始，由易至难地训练。同时，还要进行针对手臂和背部的力量训练；加强核心力量，以提升引体向上过程中身体的稳定性。此外，平时要注意健康饮食和规律运动，以控制体重，在提升力量水平的基础上尽可能减小自身体重带来的阻力。

周日 2023.07.09 五月廿二

2006 年 7 月 9 日，郑洁、晏紫首夺温网女子双打比赛冠军。

周一 2023.07.10 五月廿三

1999 年 7 月 10 日，中国国家女子足球队获得世界杯亚军，取得史上最佳战绩。

弓式拉伸

俯卧，双手扶同侧脚背。

双手拉动脚背，胸部和大腿离垫。

周二 2023.07.11 五月廿四

2006 年 7 月 11 日，刘翔在洛桑田径大奖赛男子 110 米栏比赛中夺冠，并以 12.88 秒的成绩打破世界纪录。

双脚跳－纵向－有反向

①

③

面对栏架，双臂向上伸直。

屈髋屈膝下蹲，双臂后摆。伸髋伸膝，双臂上摆，向前跳过栏架。

落地时，屈髋屈膝缓冲，双臂后摆。

周三　2023.07.12　五月廿五

1964 年 7 月 12 日，雅克·安克蒂尔获得环法自行车赛第 20 赛段的冠军。他最终获得该届环法自行车赛冠军，成为该赛事史上第一个五冠王。

壶铃高拉 - 双臂

①

双手持壶铃于体前，屈髋屈膝下蹲，膝盖与脚尖方向一致。

②

快速伸髋伸膝并耸肩，双肘屈曲抬高，将壶铃高拉至锁骨前方，同时踮脚。

周四 2023.07.13 五月廿六

2001 年 7 月 13 日，北京获得 2008 年奥运会主办权。

壶铃挺举－单臂

①

一侧手持壶铃于上臂前方，对侧臂侧平举，屈髋屈膝下蹲，膝盖与脚尖方向一致。

②

快速伸髋伸膝，向上稍稍跳起的同时向上推举壶铃至手臂伸直。落地时，屈髋屈膝缓冲。

1965 年 7 月 14 日，罗纳德 · 克拉克成为首位 10000 米跑打开 28 分钟大关的运动员。

药球－仰卧起坐－过顶抛接球

① 双手接住同伴抛来的球。

② 接到球后，上半身后仰缓冲，直至背部触垫，双手持药球稳定于头部后方。

③ 利用腹肌的力量拉起上半身，同时双手尽可能快速地推球给同伴。

周六 2023.07.15 五月廿八

2004 年 7 月 15 日，FIFA 正式认定足球运动起源于中国。

青少年在 800 米跑和 1000 米跑测试中出现腹痛的情况应怎么办？

青少年在 800 米跑和 1000 米跑测试中出现腹痛的情况时，切记不要立刻停下来。正确的应对方法是调整步伐和呼吸，以均匀且稍慢的速度跑至疼痛减轻或消失后再慢慢提升速度。青少年还可以用疼痛部位的同侧手按压疼痛部位，同时通过腹式呼吸进行调节，直至疼痛减轻或消失后，放下按压的手，提升摆臂速度。

周日 2023.07.16 五月廿九

1980 年 7 月 16 日，胡安·萨马兰奇当选国际奥委会主席。他在任期间，推动奥运会商业化，允许网球、篮球等项目的高水平职业运动员参与奥运会。

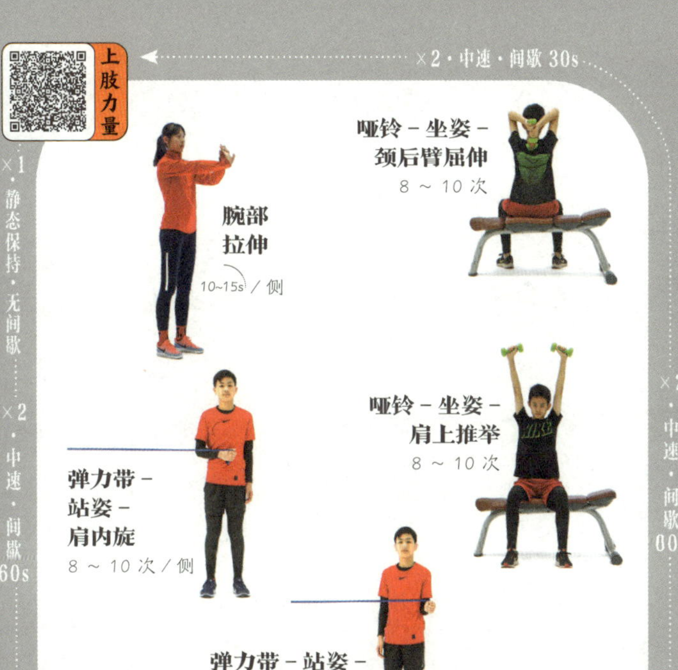

周一 2023.07.17 五月三十

1994 年 7 月 17 日，巴西队第四次获得 FIFA 世界杯冠军，成为世界杯史上第一支四冠球队。

腕部拉伸

①

拉伸侧手臂伸直，掌心朝内，对侧手向身体方向拉动拉伸侧手指，直至腕伸肌有牵拉感。

②

拉伸侧手臂伸直，掌心朝外，对侧手向身体方向拉动拉伸侧手指，直至腕屈肌有牵拉感。

1976 年 7 月 18 日，纳迪亚 · 科马内奇获得体操史上首个满分。

弹力带 - 站姿 - 肩内旋

①

弹力带一端固定于腰部等高处，靠近固定点的手握弹力带另一端。

②

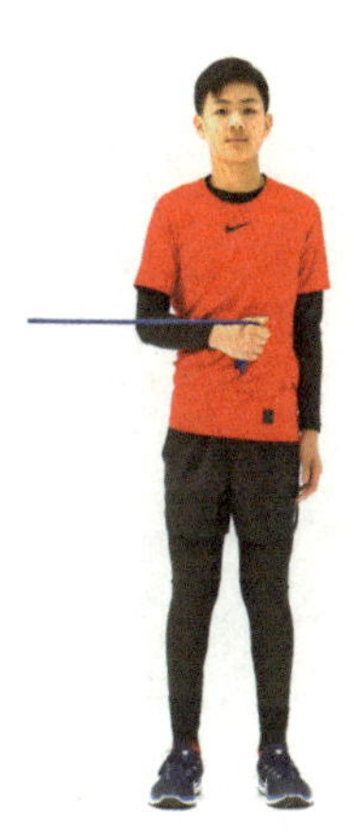

保持上臂紧贴身体，手向远离固定点的方向拉动弹力带。

1952 年赫尔辛基奥运会、1980 年莫斯科奥运会和 1996 年亚特兰大奥运会均在 7 月 19 日开幕。

弹力带 - 站姿 - 肩外旋

①

弹力带一端固定于腰部等高处，远离固定点的手握弹力带另一端。

②

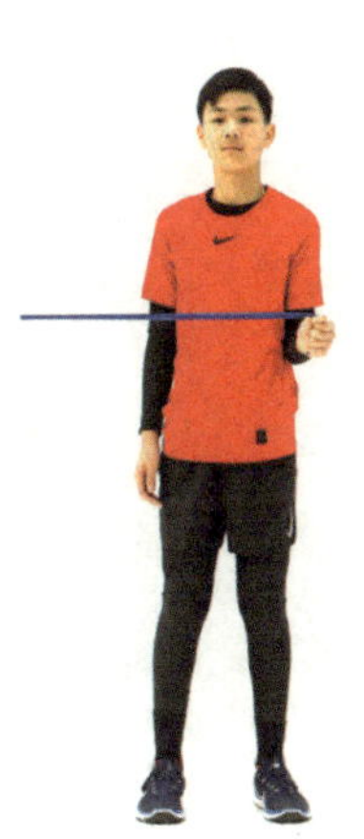

保持上臂紧贴身体，手向远离固定点的方向拉动弹力带。

周四 2023.07.20 六月初三

2011 年 7 月 20 日，姚明正式宣布退役。

哑铃 - 坐姿 - 肩上推举

①

坐于凳上，上臂与地面平行且与躯干在同一平面。

双手同时向上推举哑铃至双臂完全伸直。

周五 2023.07.21 六月初四

据考证，公元前776年7月21日，首届古代奥运会在古希腊奥林匹亚举行。

哑铃 - 坐姿 - 颈后臂屈伸

①

坐于凳上，双臂向上伸直。

②

屈曲肘关节，直至哑铃位于颈部后方。

周六 2023.07.22 六月初五

1996 年 7 月 22 日，纳伊姆·苏莱曼诺尔古获得 64 公斤级比赛的奥运会冠军，成为第一位实现奥运会三连冠的举重运动员。

睡眠对青少年视力和身高有影响吗？

睡眠对青少年视力的影响：睡眠紊乱（入睡困难、夜间觉醒次数增多、总体睡眠时间缩短等）可能会干扰或中断青少年眼球正视化生长过程的调节机制，从而导致屈光不正。

睡眠对青少年身高的影响：青春期是个体一生中发育速度最快的阶段，如果青少年在此阶段睡眠不足，那么体内生长激素的分泌会受到严重影响，从而使青少年的身高发育受到严重影响，并导致乏力、嗜睡、抵抗力下降等不利于青少年生长发育的症状。

2000 年 7 月 23 日，24 岁的泰格 · 伍兹获得英国高尔夫公开赛冠军，成为最年轻的全满贯球员。

下肢力量

×2·中速·间歇30s

×1·慢速·无间歇

迷你带－半蹲走
5～8米

迷你带－坐姿－髋外展
5～8次

×2·中速·间歇60s

哑铃－肩上深蹲
5～8次

弹力带－前弓步
3～5次／侧

×2·中速·间歇60s

哑铃－罗马尼亚硬拉－单腿 3～5次／侧

×2·中速·间歇60s

周一 2023.07.24 六月初七

2011年7月24日，中国国家游泳队首次包揽游泳世锦赛跳水项目的全部10枚金牌。

迷你带 - 半蹲走

①

半蹲，保持身体高度不变，一侧脚向前移动一小步。

②

换对侧重复。两侧交替，向前移动。

周二 2023.07.25 六月初八

2008 年 7 月 25 日，北京奥运会中国体育代表团在北京成立。该届代表团由 1099 人组成，其中运动员 639 人，规模创下历史新高。

哑铃－肩上深蹲

①

手握哑铃于肩部上方。

屈髋屈膝下蹲至大腿与地面接近平行，膝盖与脚尖方向一致。随后伸髋伸膝站直。

周三　2023.07.26　六月初九

1992 年 7 月 26 日，被称为“梦之队”的美国国家男子篮球队首次亮相奥运会。

哑铃－罗马尼亚硬拉－单腿

①

一侧腿屈膝，脚抬高，对侧腿支撑身体。

向前俯身至背部与地面平行，非支撑腿上抬，双臂垂于肩部下方。

周四 2023.07.27 六月初十

1992 年 7 月 27 日，庄晓岩以 5 战全胜的成绩获得女子 72 公斤以上级比赛的奥运会金牌，成为奥运会史上第一位女子柔道冠军。

弹力带 - 前弓步

①

弹力带两端固定于高处，中段套于腹部。

一侧脚向前迈步，呈弓步姿势，双手叉腰。

周五 2023.07.28 六月十一

1996 年 7 月 28 日，王军霞在奥运会女子 5000 米比赛中夺冠。

弹力带 - 坐姿 - 髋外展

①

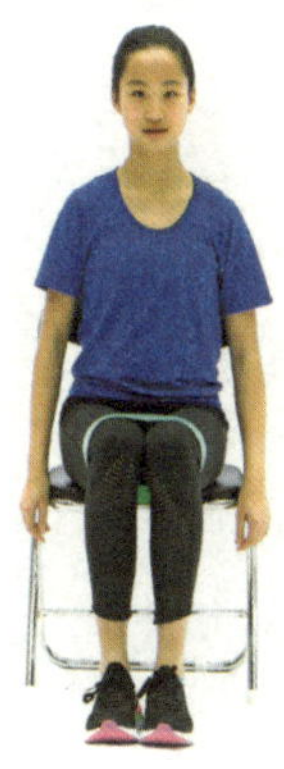

坐于凳上，背部挺直，两侧大腿和脚并拢。

②

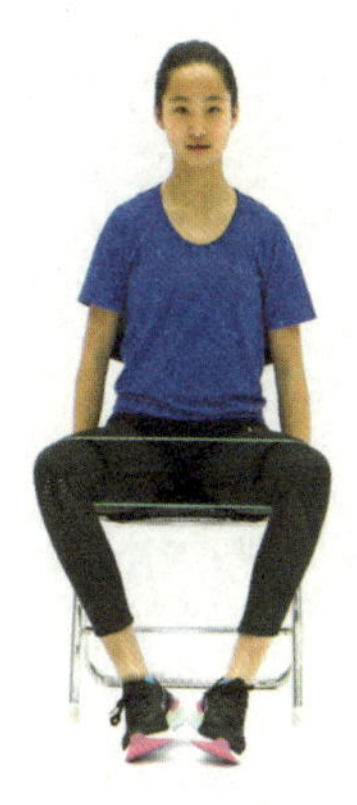

两侧大腿同时向外打开，进行髋外展运动。

周六 2023.07.29 六月十二

1984 年 7 月 29 日，许海峰获得自选手枪慢射比赛的奥运会冠军，为中国赢得首枚奥运会金牌。

儿童和青少年的年龄界限如何划分？

儿童和青少年年龄界限划分参照表

中文用词	婴儿	幼儿	学龄前儿童	儿童	青少年	青少年（广泛）
英文用词	Infant	Baby	Preschool	Children	Teenager	Youth
年龄范围	0 ~ 1 周岁	1 ~ 3 周岁	3 ~ 6 周岁	6 ~ 12 周岁	12 ~ 18 周岁	6 ~ 18 周岁

1932 年 7 月 30 日，刘长春作为中国唯一的参赛运动员出现在洛杉矶奥运会开幕式上。他是中国首位参加奥运会的运动员。

×1・慢速・无间歇

瑞士球－下斜－转髋

3～5次/侧

瑞士球－下斜－夹球交替转髋

5～8次

药球－站姿－旋转推举

5～8次/侧

×2・中速・间歇60s

瑞士球－下斜－俯撑屈膝

5～8次

×2・中速・间歇60s

药球－站姿－侧向下砍

5～8次/侧

×2・中速・间歇60s

周一 2023.07.31 六月十四

1928年7月31日，奥运会首个女子田径比赛项目——100米迎来决赛日，第一枚女子田径奥运会金牌诞生。

瑞士球－下斜－转髋

①

俯卧，双手撑地，两侧大腿贴球。

②

髋部向一侧转动至一侧腿完全离开球面。

周二 2023.08.01 建军节

1996 年 8 月 1 日，中国国家女子足球队首次进入奥运会，获得奥运会银牌。

药球 - 站姿 - 旋转推举

①

站立，双手持球于胸前，随后屈髋屈膝，向一侧转体，将药球下移。

②

伸髋伸膝，向另一侧转体，将药球上举。

周三 2023.08.02 六月十六

1984 年 8 月 2 日，吴小璇在奥运会女子步枪比赛中夺冠，成为中国首位女子奥运会冠军。

药球－站姿－侧向下砍

①

②

③

站立，双手持药球于腹部前方，随后将药球移至头顶的左上方。

屈髋屈膝，向右侧转体，脚尖随即指向右侧，快速将药球砸向地面。

1984 年 8 月 3 日，栾菊杰获得中国第一枚击剑奥运会金牌。

瑞士球－下斜－俯撑屈膝

①

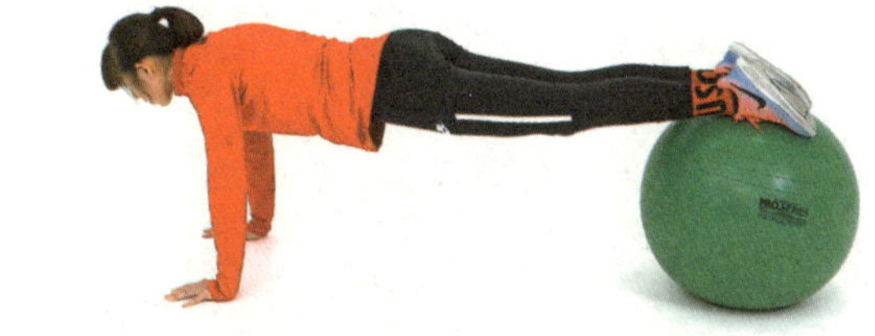

俯卧，双手撑地，双脚脚背贴球。

②

屈髋屈膝，带动瑞士球向前滚动至只有脚尖触球。

2012 年 8 月 4 日，迈克尔·菲尔普斯夺得男子 4×100 米混合泳接力比赛的奥运会金牌，最终以 18 枚奥运会金牌的成绩结束游泳职业生涯，创下纪录，获颁国际游泳联合会（FINA）终身成就奖。

瑞士球－下斜－夹球交替转髋

①

俯卧，双手撑地，两侧小腿和脚内侧贴球，随后上半身不动，髋部与双腿向一侧转动。

②

换对侧重复。两侧交替转髋。

2006 年 8 月 5 日，徐莉佳成为中国首位帆船项目世界冠军。

青少年的体能训练是否与成年人完全一样？

就人体动作而言，无论是普通人还是运动员，无论是青少年还是成年人，动作模式和完成动作的方式都是一样的，不同的是具体的动作要求、发展目标和侧重点。青少年体能训练更注重培养正确的动作模式，强调神经肌肉的本体感觉和姿势的标准，而不是训练负荷。青少年在进行体能训练时，应逐步增加动作难度和训练强度，强调动作的规范性，切忌追求过度训练。一定要引导青少年在训练中自我感知训练负荷，学会利用主观感受预估自己的承受能力。

周日 2023.08.06 六月二十

1992 年 8 月 6 日，简 · 诺瓦 · 瓦尔德内尔获得乒乓球男子单打比赛的奥运会冠军，成为世界第一位乒乓球大满贯得主。

上肢力量

×2 · 中速 · 间歇 30s

×1 · 慢速 · 无间歇

反向 90 度 -90 度拉伸

10~15s / 侧

瑞士球 – 哑铃 – 肘撑 – 肱二头肌弯举

8 ～ 10 次

×2 · 中速 · 间歇 30s

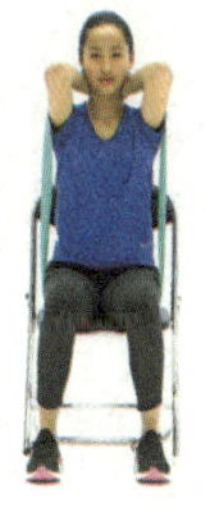

弹力带 – 坐姿挺身

8 ～ 10 次

哑铃 – 仰卧 – 基本上拉

8 ～ 10 次

×2 · 中速 · 间歇 30s

弹力带 – 俯卧撑 8 ～ 10 次

×2 · 中速 · 间歇 30s

周一 2023.08.07 六月廿一

1984 年 8 月 7 日，首次参加奥运会的中国国家女子排球队夺得金牌。

反向 90 度 -90 度拉伸

① 

侧卧，上侧膝盖和小腿置于泡沫轴上，双手合掌。

② 

下半身不动，以胸椎为轴，向身体后方转动上侧手臂和头部，直至手臂垂直于地面，保持 1 ~ 3 秒。

③ 

贴垫手臂转动，直至手触碰对侧手，躯干前侧有牵拉感，保持 1 ~ 3 秒。

2008 年 8 月 8 日，北京奥运会开幕。从 2009 年起，8 月 8 日成为全民健身日，以纪念北京奥运会成功举办和推动人民群众参与体育运动。

弹力带 - 坐姿挺身

①

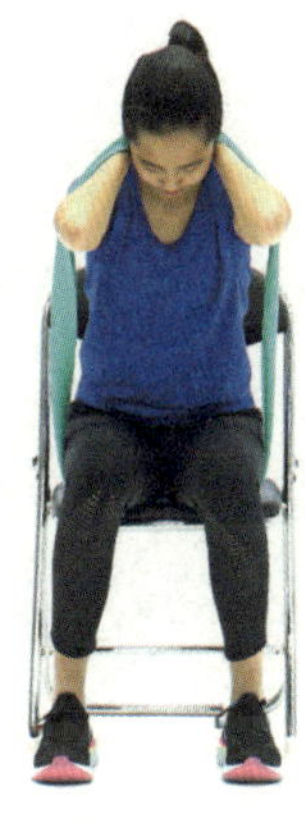

将弹力带中段固定在臀部下方，双手各握弹力带一端并在颈后交叉，弓背。

②

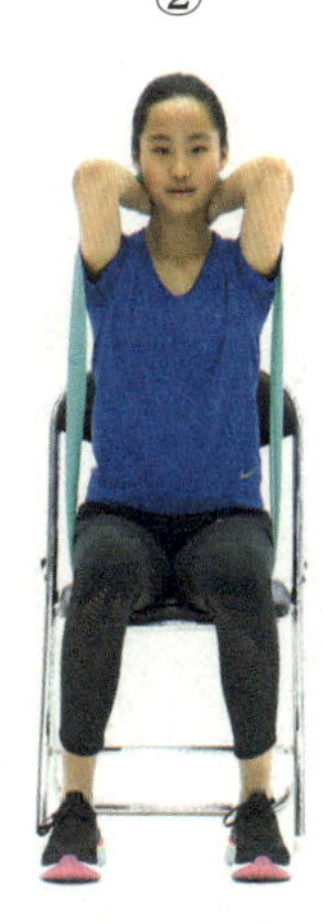

背部挺直，同时上抬双肘与头部。

1953 年 8 月 9 日，吴传玉在国际青年友谊运动会上获得男子仰泳比赛冠军，为新中国赢得首枚国际比赛金牌。

弹力带－俯卧撑

弹力带中段固定于背后、两端分别固定于双手下方，核心收紧，身体呈一条直线。

身体下降至双肘屈曲90度。随后推起身体至双臂伸直。

周四 2023.08.10 **火把节**

2000年8月10日，张健以50小时22分钟不间断游泳约124千米，成功横渡渤海海峡，创下男子游泳最长距离的世界纪录。

哑铃 - 仰卧 - 基本上拉

①

仰卧，双手握哑铃，双臂向上伸直。

②

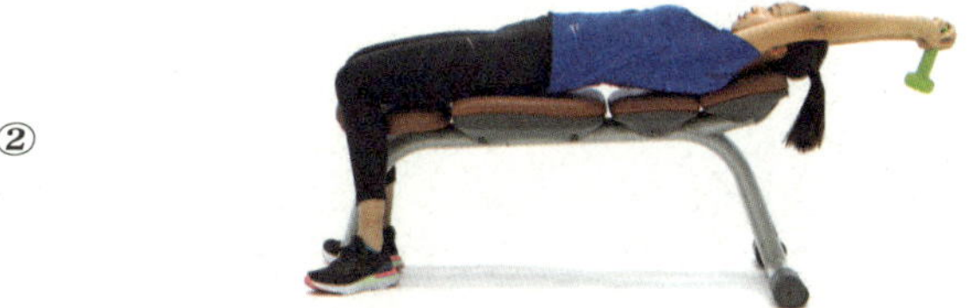

保持双臂伸直，将哑铃移向头顶，直至双臂与地面平行。

1984 年 8 月 11 日，朱建华在奥运会上获得男子跳高比赛季军，拿下中国首枚田径奥运会奖牌。

瑞士球-哑铃-肘撑-肱二头肌弯举

①

双膝跪于垫上，腹部、上臂和肘部贴球，双手各握一个哑铃。

②

上臂保持不动，前臂向上弯举，双手靠近肩部。

2008 年 8 月 12 日，仲满成为中国第一位佩剑奥运会冠军，也是中国第一位男子击剑奥运会冠军。

为什么乒乓球、羽毛球等球类运动能帮助青少年保护视力？

青少年进行羽毛球、乒乓球等球类运动时，球的速度和方向不停地改变，促使眼球不停地上下运动，在这个过程中，睫状肌不停地收缩和舒张来调节视线，从而使控制眼球的肌肉得到充分的活动，这样不仅可以缓解眼部疲劳，还可以增强屈光系统的调节能力，从而缓解阅读等近距离用眼造成的眼部肌肉疲劳，保护视力。

周日 2023.08.13 六月廿七

1986 年 8 月 13 日，第五届游泳世锦赛开幕。在该届世锦赛上，高敏获得女子三米板跳水比赛冠军，拿下中国首枚游泳世锦赛金牌。

周一 2023.08.14 六月廿八

2004 年 8 月 14 日，王义夫夺得奥运会男子十米气手枪比赛冠军，成为中国最年长的奥运会金牌获得者。

单腿跪姿 - 胸椎旋转

①

一侧手扶于耳侧，头部和躯干以胸椎为轴，向对侧旋转。

②

头部和躯干以胸椎为轴，向另一侧旋转至屈曲肘指向上方，躯干前侧有牵拉感，保持 1 ~ 3 秒。

周二 2023.08.15 六月廿九

2008 年 8 月 15 日，陆永获得举重男子 85 公斤级比赛的奥运会冠军，为中国国家男子举重队拿下首枚大级别比赛的奥运会金牌。

壶铃 - 高位风车

①

一侧手持壶铃于上臂前方，对侧臂侧平举。

②

向上推举壶铃至手臂伸直。

③

身体前屈并向持铃侧旋转，非持铃手尽可能触摸地面。

周三 2023.08.16 七月初一

2008 年 8 月 16 日，张宁蝉联奥运会羽毛球女子单打比赛冠军。

弹力带－深蹲后拉

①

弹力带中段固定于肩部同高处，双手各握弹力带一端，双臂平行于地面。

屈髋屈膝下蹲，同时双臂水平后拉弹力带，直至上臂与肩部在一条直线上。

周四　2023.08.17　七月初二

2008 年 8 月 17 日，迈克尔·菲尔普斯夺得北京奥运会个人第八金，创下单届奥运会个人金牌数之最。

瑞士球－上斜－肘撑－交替提膝

①

俯卧，双肘贴球，身体呈一条直线，随后一侧膝盖上提至触球。

②

换对侧重复。双膝交替上提触球。

1992 年 8 月 18 日，NBA 传奇球星拉里·伯德宣布退役。

药球 - 弓步跳

①

②　　③

呈弓步姿势，一侧脚在前，双手持球于腹部前方。

双手持球上摆，同时向上跳跃，在空中交换双腿位置，落地后呈弓步姿势，换另一侧脚在前。

周六　2023.08.19　中国医师节

2002年8月19日，谭雪获得中国首枚击剑世锦赛金牌。

青少年进行力量训练时应注意什么?

青少年进行力量训练时应注意以下几点:(1)不使用过重的负荷,应以自重或弹力带、哑铃等轻负荷器械进行训练;(2)以动力性练习为主,尽量少做静力性练习和需要憋气的练习,以免胸压变化影响心脏发育;(3)运动前进行充分的热身,运动后进行充分的放松,使运动收益最大化。

周日 2023.08.20 七月初五

2008 年 8 月 20 日,殷剑获得帆船帆板奥运会金牌。

周一 2023.08.21 七月初六

2016年8月21日，中国国家女子排球队时隔12年，再次获得奥运会冠军。

双脚前后交替跳

①

②

半蹲，双腿有节奏且连续地进行前后交替跳，同时双臂自然摆动。

2008 年 8 月 22 日，张怡宁成功卫冕乒乓球女子单打比赛的奥运会冠军。

双脚跳 - 横向 - 有反向

①

侧对栏架站立，双臂上摆。

②

屈髋屈膝下蹲，双臂后摆，随即伸髋伸膝，双臂上摆，侧向跳过栏架。

③

落地时，屈髋屈膝缓冲。

2013 年 8 月 23 日，联合国大会通过决议，将每年 4 月 6 日设为“体育促进发展与和平国际日”，这是联合国设立的首个与体育相关的国际日。

壶铃高拉－单臂

①

一侧手持壶铃于体前，屈髋屈膝下蹲，膝盖与脚尖方向一致。

②

快速伸髋伸膝并耸肩，手肘屈曲抬高，将壶铃高拉至锁骨前方，同时踮脚。

周四　2023.08.24　七月初九

2008 年 8 月 24 日晚间，北京奥运会正式闭幕。

壶铃抓举 - 单臂

① ② ③

一侧手持壶铃于体前，随后屈髋屈膝下蹲，将壶铃下放至双膝间。

快速伸髋伸膝并耸肩，手肘屈曲抬高，向上提拉壶铃，同时踮脚。将壶铃甩至手背，手臂伸直，同时屈髋屈膝下蹲。身体稳定后，站直。

周五 2023.08.25 七月初十

1973 年 8 月 25 日，第一届亚非拉乒乓球友好邀请赛在北京开幕。

壶铃甩摆－双臂

①

屈髋屈膝下蹲，双手握住壶铃把手，在双腿之间向后甩摆壶铃。

②

伸膝伸髋站直，同时向前甩摆壶铃至双臂平行于地面。

1977 年 8 月 26 日，罗泽玛丽·阿克曼成为世界上第一位突破 2 米大关的女子跳高运动员。

跑步会让腿变粗吗？

很多青少年，尤其是女生，认为跑步会使小腿变粗、变成“肌肉腿”，影响美观。其实，腿部变粗通常是脂肪堆积和肌肉增长的结果，而肌肉增长离不开抗阻训练。经常进行有氧跑步能加快脂肪消耗，不仅不会让腿变粗，反而能使腿部线条更修长。跑步结束时腿部看起来比跑步前粗了一些是因为肌肉暂时性充血，休息片刻遍会恢复。

2004 年 8 月 27 日，刘翔在奥运会上获得男子 110 米栏比赛金牌，成为中国田径首位男子奥运会冠军。

上肢力量

×2·快速·间歇 30s

×1·慢速·无间歇

BOSU 球－非稳定面－肩胛收缩 30s

BOSU 球－非稳定面－下斜－俯卧撑 8～10 次

×2·中速·间歇 30s

药球－单球脚撑－俯卧撑 8～10 次

BOSU 球－稳定面－平板支撑－手肘交替 5～8 次

×2·中速·间歇 60s

BOSU 球－非稳定面－上斜－俯卧撑 6～8 次

×2·慢速·间歇 60s

周一 2023.08.28 七月十三

2009 年 8 月 28 日，伊莲娜·伊辛巴耶娃以 5.06 米的成绩夺得 IAAF 黄金联赛女子撑竿跳高比赛冠军，同时打破自己在 2008 年北京奥运会上创造的 5.05 米的女子撑竿跳高世界纪录。

BOSU球-非稳定面-肩胛收缩

①

双臂不动，两侧肩胛骨先向脊柱方向夹紧，后向两侧舒张，呈弓背姿势。

②

2004年8月29日，迈克尔·舒马赫在F1比利时大奖赛中获得第二名，提前锁定自己的第七个F1年度总冠军。

药球 - 单球脚撑 - 俯卧撑

双脚撑于球上，核心收紧，身体呈一条直线。

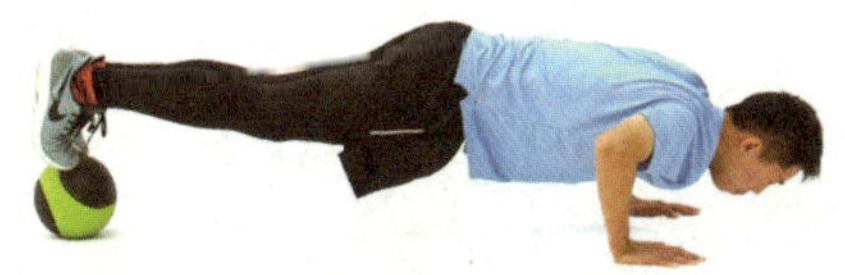

身体有控制地下降至双肘屈曲 90 度。

随后推起身体至双臂伸直。

1989 年 8 月 30 日，何振梁当选国际奥委会副主席，成为当选该职位的第一位中国人。

BOSU球-非稳定面-上斜-俯卧撑

①

双手撑于球两侧边缘，核心收紧，身体呈一条直线。

②

身体有控制地下降至双肘屈曲90度。

随后推起身体至双臂伸直。

1959年8月31日，北京工人体育场建成，它是新中国成立十周年时北京著名的“十大建筑”之一。

BOSU球-稳定面-平板支撑-手肘交替

①

双手撑于球上，核心收紧，身体呈一条直线。

②

一侧手肘屈曲90度，前臂撑于球上。

③

另一侧手肘屈曲90度，呈屈臂平板支撑姿势。随后双臂依次伸直。

周五 2023.09.01 七月十七

1974年9月1日，德黑兰亚运会开幕。在该届亚运会上，中国代表团首次亮相亚运会赛场。

BOSU 球 - 非稳定面 - 下斜 - 俯卧撑

①

双脚撑于球上，核心收紧，身体呈一条直线。

②

身体有控制地下降至双肘屈曲 90 度。

随后推起身体至双臂伸直。

1974 年 9 月 2 日，苏之渤在亚运会男子自选小口径手枪 50 米慢射比赛中为中国夺得亚运会首金。

青少年熬夜会导致发胖吗？

青少年熬夜会导致发胖。晚睡会影响身体正常的新陈代谢节奏，影响瘦素（由脂肪细胞分泌的激素，可通过负反馈机制来调控身体的能量平衡和体重）的分泌，从而导致肥胖。此外，青少年在熬夜时往往容易感觉饥饿，从而进行不必要、不合理的消夜加餐，使摄入的热量过剩，引发肥胖。

2006 年 9 月 3 日，西班牙队首次获得男篮世锦赛冠军。

核心力量

×2·中速·间歇30s

瑞士球－仰卧－交替侧移

10 次

侧桥－抬腿

8 次／侧

×1·慢速·间歇10s

仰卧－手摸对侧脚

8 次

×2·中速·间歇30s

仰卧－三方向直抬腿 5 次

×2·中速·间歇60s

平板支撑－对侧手脚上抬 8 次／侧

×2·中速·间歇30s

周一 —— 2023.09.04 —— 七月二十

1955 年 9 月 4 日，欧洲冠军俱乐部杯开赛。该赛事由 UEFA 举办，后更名为欧洲冠军联赛。

瑞士球－仰卧－交替侧移

①

背部贴球，核心收紧，躯干和大腿呈一条直线。

②

将球向一侧肩胛骨方向滚动，使对侧肩胛骨离开球面，随后换对侧重复。两侧交替。

1994 年 9 月 5 日，乐靖宜在游泳世锦赛上获得女子 100 米自由泳比赛冠军并打破世界纪录。在该届世锦赛上，她共打破 4 项世界纪录，成为在单届世锦赛上破纪录最多的中国运动员。

仰卧 - 手摸对侧脚

①

仰卧，双腿伸直并抬高。核心收紧，躯干抬高，与双腿呈 V 形，同时伸一侧手摸对侧脚。

②

换对侧重复。两侧交替。

1999 年 9 月 6 日，北京 2008 年奥运会申办委员会成立，奥运会申办工作启动。

平板支撑－对侧手脚上抬

俯卧，核心收紧，一侧前臂和对侧脚撑垫，另一侧手臂和对侧腿抬高。

周四 2023.09.07 七月廿三

1996 年 9 月 7 日，迈克·泰森以技术性击倒（TKO）的方式击败布鲁斯·塞尔登，夺得世界拳击协会（WBA）重量级世界拳王金腰带。

仰卧-三方向直抬腿

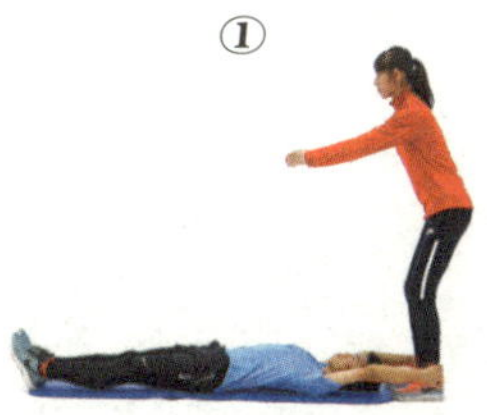
①
仰卧，双手抓搭档脚踝。

②
直腿向上抬起至搭档抓住脚踝，随后双腿回落，同时向一侧转体。

③
直腿向上抬起至搭档抓住脚踝，随后双腿回落，同时向另一侧转体。

④
直腿向上抬起至搭档抓住脚踝，随后双腿回落。

1979 年 9 月 8 日，陈肖霞在世界大学生运动会上获得女子 10 米跳台比赛金牌，成为中国第一位跳水世界冠军。

侧桥 - 抬腿

①

侧卧，双腿伸直并交叠。

②

核心收紧，抬起髋部至躯干与双腿呈一条直线。

③

非支撑侧腿抬起 1 ~ 3 秒，然后落下。

周六 2023.09.09 七月廿五

2006 年 9 月 9 日，玛蒂娜 · 纳芙拉蒂诺娃获得美网混合双打比赛冠军，成为最年长的大满贯冠军。

青少年进行耐力训练时应注意什么？

青少年进行耐力训练应注意选择适合的训练方法：15 岁及以下青少年的耐力训练以持续训练法或小强度间歇训练为主；16 岁及以上的青少年可逐渐开始进行较大强度的间歇训练；青春期后的青少年可适当进行一些无氧耐力训练。

1960 年 9 月 10 日，阿贝贝·比基拉在奥运会男子马拉松比赛中赤脚夺冠并打破世界纪录。

下肢力量

×2・中速・间歇30s

跪式起跑者弓步 30s / 侧

瑞士球－侧向分腿蹲 8次/侧

×1・静态保持・无间歇

BOSU球－稳定面－三方向深蹲 5次

×2・中速・间歇60s

BOSU球－稳定面－前腿抬高分腿蹲 8次/侧

×2・中速・间歇30s

支点弓步蹲 8次

×2・中速・间歇30s

周一 2023.09.11 七月廿七

1993年9月11日，曲云霞以3分50.46秒的成绩在全运会女子1500米比赛中夺冠并打破女子1500米的世界纪录。

跪式起跑者弓步

跪于垫上，双手扶前膝。

髋部前移至髋屈肌有牵拉感。

周二 2023.09.12 七月廿八

1979 年 9 月 12 日，佩特罗·门内阿在世界大学生运动会男子 200 米比赛中，以 19.72 秒的成绩夺冠并打破世界纪录。该纪录共保持 17 年，成为世界径赛史上保持最长的纪录。

BOSU 球 - 稳定面 - 三方向深蹲

① 

双脚分别撑于地上和球上，屈髋屈膝下蹲。

② 

双脚站于球上，屈髋屈膝下蹲。

③ 

双脚分别撑于地上和球上，屈髋屈膝下蹲。

周三 2023.09.13 七月廿九

1959 年 9 月 13 日，首届全运会在北京工人体育场开幕。

支点弓步蹲

①

站立，面朝前方，双手叉腰。

②

向一侧转体并下蹲，随后起身并面朝前方。

③

向另一侧转体并下蹲，随后起身并面朝前方。

周四 2023.09.14 七月三十

2014 年 9 月 14 日，美国“梦十一队”夺得男篮世界杯冠军。这是美国队第五次夺得该赛事的冠军。

BOSU 球－稳定面－前腿抬高分腿蹲

前侧脚撑于球上。

下蹲至前侧大腿低于水平位置，随后起身。

1993 年 9 月 15 日，辽宁男子足球队成就“十冠王”。

瑞士球－侧向分腿蹲

①

一侧腿撑地，对侧腿外展，脚撑于球上。

臀部向后，支撑腿下蹲，同时球向外侧移动至撑于球上的腿伸直。

周六 2023.09.16 八月初二

1983 年 9 月 16 日，荣高棠被授予奥林匹克银质勋章，成为首位获此殊荣的中国人。

户外运动有助于青少年预防近视吗？

国家卫生健康委疾控局、教育部等发布的近视防控文件，都强调了户外运动在近视防控中的重要作用。相关研究指出，户外运动，尤其是阳光下户外运动，能够有效预防近视的发生和发展，这是因为自然光中的散射光可以增加眼睛巩膜组织中的多巴胺，从而抑制眼轴长度增长。但是要注意，过强的光线会对眼睛造成伤害，因此应避免在阳光过强时进行户外运动。

1959 年 9 月 17 日，穆祥雄在全运会男子 100 米蛙泳比赛中夺冠并打破世界纪录，创造了全运会上的第一个世界纪录。

全身力量

×2・中速・间歇 60s

×1・中速・间歇 60s

俯卧 – 模拟自由泳 30s

侧坐双腿转移

10 次

×2・慢速・间歇 60s

×2・中速・间歇 60s

瑞士球 – 站姿 – 下蹲前推

8 ~ 10 次

军人爬行 – 纵向

10 米

毛毛虫爬行 – 纵向

10 米

×2・中速・间歇 60s

周一 2023.09.18 八月初四

2000 年 9 月 18 日，中国国家男子体操队首获奥运会男子团体比赛金牌。

俯卧－模拟自由泳

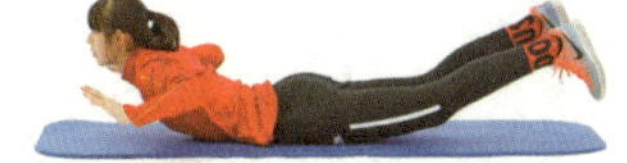

俯卧，胸部、双臂和双腿抬起。

一侧手臂向前推出，另一侧手臂向后推出，身体转向后侧臂，随后换对侧重复。两侧交替，模拟自由泳动作。

周二 2023.09.19 八月初五

1988年9月19日，庄泳获得奥运会女子100米自由泳比赛银牌，拿下中国首枚游泳奥运会奖牌。

瑞士球－站姿－下蹲前推

①面对瑞士球半蹲，双手扶球。

②重心慢慢前移，将瑞士球推向前方，同时身体伸展，直至达到最大幅度。

周三 2023.09.20 八月初六

1973年9月20日，比利·金在网球性别大战中战胜鲍勃·里格斯，为女子运动员赢得尊重。鲍勃·里格斯曾扬言，即便自己已经退役，也能打败所有女子运动员。

毛毛虫爬行－纵向

站立，保持双腿伸直，向前俯身，双手交替向前移动。

② 

当身体呈一条直线时，挺胸抬头，使身体呈反弓形，注意双腿不要着地。

③ 

双手不动，臀部抬高，使身体呈倒V形，双脚交替向前移动。

周四 2023.09.21 八月初七

2000年9月21日，张军、高崚获得羽毛球混合双打比赛的奥运会冠军，拿下中国首枚羽毛球混合双打奥运会金牌。

军人爬行-纵向

双侧前臂和双脚撑地，身体呈一条直线，随后一侧腿屈髋并外展，同时对侧手臂前移。

换对侧重复。两侧交替，向前移动。

周五 2023.09.22 八月初八

1990 年 9 月 22 日，北京亚运会开幕。

侧坐双腿转移

① 

双手和双脚撑地，双膝离地。

② 

抬起一侧手和对侧脚，翻转身体，注意臀部离地，然后换对侧重复。两侧交替。

周六 2023.09.23 **秋分**

2000 年 9 月 23 日，史蒂夫·雷德格雷夫获得赛艇男子四人无舵比赛的奥运会冠军，成为首位连续在 5 届奥运会上获得金牌的赛艇运动员。

青少年如何预防脊柱侧弯？

青少年预防脊柱侧弯应注意以下几点：（1）看书、写字时，桌椅高度合适，姿势正确；（2）避免长期单肩背书包或重物，提倡背双肩包；（3）加强补钙，可以多摄入鱼虾、鸡蛋和牛奶等钙含量丰富的食物；（4）多进行户外运动以接触阳光，加强运动的同时注意身体两侧平衡发展；（5）形成良好的坐姿和走路姿势等，避免经常跷二郎腿和弯腰驼背的不良习惯。

周日 2023.09.24 八月初十

1983 年 9 月 24 日，徐永久在世界杯竞走赛中获得女子 10 千米比赛冠军，成为中国首位田径世界冠军。

周一 2023.09.25 八月十一

2002 年 9 月 25 日，李娜在场地自行车世锦赛中获得女子凯林赛冠军，拿下中国首枚自行车世锦赛金牌。

四肢走爬步

站立，保持双腿伸直，向前俯身，双手交替向前移动，直至身体呈一条直线。

③

双手不动，双脚交替向前移动。

周二 2023.09.26 八月十二

1990年9月26日，“冰王子”丹尼斯·博格坎普完成了自己在荷兰国家男子足球队的首秀。之后，这位足球名将共为国家队出战79次，累计攻入37个进球。

振臂跳

①

向上跳起，同时一侧大腿抬起与地面平行，对侧手臂向上伸直。

②

换对侧重复。两侧交替。

周三 2023.09.27 八月十三

1981 年 9 月 27 日，首届北京国际马拉松赛举行，这是中国第一个国际马拉松赛事。

对侧前后手碰脚

① ② ③ ④

向上跳起，同时一侧腿向前屈膝抬高，脚碰对侧手，随后换对侧重复。

向上跳起，同时一侧腿向后屈膝抬高，脚碰对侧手，随后换对侧重复。

周四　2023.09.28　八月十四

2003 年 9 月 28 日，鲍尔 · 特加特以 2 小时 4 分 55 秒的成绩获得柏林马拉松赛男子组冠军，成为首位打开马拉松赛 2 小时 5 分大关的运动员。

BOSU 球 - 非稳定面 - 俯卧开合跳

①

双手撑于球上，核心收紧，身体呈一条直线。

②

躯干保持稳定，双脚跳起并分开，随后再次跳起并合拢。

周五 2023.09.29 中秋节

2006 年 9 月 29 日，61 岁的胡荣华在全国象棋排位赛中夺冠，成为中国最年长的象棋全国冠军。

波比跳

下蹲，双手触垫。

双臂伸直支撑，双脚向后跳至身体呈一条直线。

双脚跳回，恢复下蹲姿势，随即起身跳起，同时双臂向上伸直，双手轻轻触碰。

2000 年 9 月 30 日，陈中在奥运会跆拳道女子 67 公斤以上级比赛中夺冠，拿下中国首枚跆拳道奥运会金牌。

青少年应先练专项还是先练体能？

目前，国内外学者对“先打造合适的身体基础，再去练专项”已形成了基本共识。不注重基础体能而过早地进行专项化训练可能会给青少年健康的各个组成部分带去负面影响，包括成熟时间、骨骼和肌肉健康、心理和职业生涯等。当然，想要有高水平的运动表现，专项化训练必不可少，但在此之前，青少年应先扎实掌握动作技能，然后具备一定水平的力量、速度、敏捷性等身体素质，最后才能慢慢过渡到专项化训练，而不是一开始就进行专项化训练。

周日 2023.10.01 国庆节

1995年10月1日，《中华人民共和国体育法》正式实施，标志着中国体育工作进入依法行政、以法治体的新阶段。

上肢力量

×2・中速・间歇 30s

肱三头肌拉伸

30s / 侧

×1・静态保持・无间歇

哑铃－站姿－肱二头肌反向弯举

10 次

×2・中速・间歇 30s

哑铃－俯身－背屈伸

10 次

哑铃－站姿－肩外旋

12 次

×2・慢速・间歇 60s

哑铃－站姿－提拉

10 次

×2・中速・间歇 30s

周一 2023.10.02 八月十八

2006 年 10 月 2 日，王磊获得男子重剑比赛的世锦赛冠军，成为中国首位男子击剑世界冠军。

肱三头肌拉伸

①

拉伸侧手臂屈曲并上举，对侧手托在拉伸侧手肘下方。

②

推动拉伸侧手臂，直至肱三头肌有牵拉感。

周二 2023.10.03 八月十九

1965 年 10 月 3 日，世界上首位集奥运会、世锦赛、世界杯、欧锦赛冠军为一身的乒乓球大满贯得主简·诺瓦·瓦尔德内尔出生。

哑铃－站姿－提拉

①

站立，双手各握一个哑铃于体前。

②

屈肘，双手同时上提哑铃至接近肩部高度。

1986年10月4日，中国国家男子排球队首次获得亚运会冠军。

哑铃－站姿－肩外旋

①

站立，上臂抬至与地面接近平行，哑铃位于肘部下方。

②

上臂位置尽量不变，肩关节外旋，将哑铃抬至肘部上方。

周四 2023.10.05 八月廿一

2011 年 10 月 5 日，第一届环北京职业公路自行车赛在北京奥林匹克公园开赛。该赛事是国际自行车联盟世界巡回赛在亚洲的唯一一站，是与环法自行车赛同级别的高水平赛事。

哑铃 - 俯身 - 臂屈伸

①

②

俯身，背部挺直，上臂贴靠躯干。

上臂不动，前臂向后抬起至双臂完全伸直。

1993 年 10 月 6 日，迈克尔·乔丹第一次宣布从 NBA 退役。当时他率领公牛队拿下第一个三连冠。

哑铃 - 站姿 - 肱二头肌反向弯举

①

站立，手握哑铃于体前，手掌朝后。

②

上臂不动，前臂向上弯举。

2001 年 10 月 7 日，中国国家男子足球队首次获得世界杯决赛圈参赛资格。

青少年在 800 米跑和 1000 米跑测试中应如何呼吸？

青少年进行 800 米跑和 1000 米跑测试时，身体能量消耗大，对氧气的需求量增加。为了满足身体对氧气的需求，呼吸必须均匀且达到一定的深度，还必须与步伐相配合。一般来说，跑 2 ~ 3 步吸气一次，跑 2 ~ 3 步呼气一次，是比较合适的。随着速度的加快和疲劳的出现，呼吸频率提升，可跑 1 步吸气 1 次，跑 1 步呼气 1 次。要充分呼气，因为只有充分呼出二氧化碳，才能充分吸进氧气。

1995 年 10 月 8 日，李小双获得体操男子全能比赛的世锦赛冠军，拿下中国首枚世锦赛体操全能比赛金牌。

周一 2023.10.09 八月廿五

1988 年 10 月 9 日，首届全国农民运动会在北京开幕。

迷你带 - 半蹲走 - 横向

①

半蹲，保持身体高度不变，一侧脚向身体一侧移动一小步，随即对侧脚跟上，移动相同的距离，以此方式向身体一侧移动。

周二 2023.10.10 八月廿六

2009 年 10 月 10 日，“海峡组合”彭帅、谢淑薇在中国网球公开赛女子双打比赛中获得冠军。

壶铃 - 架式深蹲 - 单臂

①

一侧手持壶铃于上臂前方，对侧臂侧平举。

屈髋屈膝下蹲，膝盖与脚尖方向一致。随后伸髋伸膝站直。

周三 2023.10.11 八月廿七

2009 年 10 月 11 日，100 岁的鲁思 · 弗里斯在世界老将运动会女子铅球（100 ~ 104 岁组）比赛中夺冠并打破世界纪录，成为最年长的世界纪录创造者。

哑铃-直腿硬拉

①

俯身，背部挺直，双腿伸直，哑铃位于肩部正下方。

②

臀部发力，伸髋站直。

周四 2023.10.12 八月廿八

1998 年 10 月 12 日，中国国家女子国际象棋队首夺国际象棋奥林匹克团体赛冠军。

哑铃 - 椅式深蹲 - 单腿

①

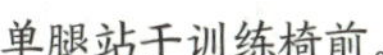

单腿站于训练椅前。

②

慢慢下蹲至臀部触碰训练椅。随后伸髋伸膝站直。

周五 2023.10.13 八月廿九

2011 年 10 月 13 日，李娜拿下中国首枚女子重剑个人赛的世锦赛金牌。

弹力带－仰卧－伸髋

①

弹力带一端固定于高处，另一端固定于抬高的脚踝上。

②

抬高腿保持伸直，下拉弹力带至腿触碰垫面。

1986 年 10 月 14 日，国际奥委会决定自 1994 年起，夏季和冬季奥运会以两年为间隔交替举行。

体育为什么是重要的人格教育?

1912年，蔡元培提出“完全人格，首在体育”。体育不仅有助于塑造青少年强健的体魄和挺拔的气质，还能在潜移默化中培养青少年的忍耐力、自信心、专注力和适应力等，在青少年的人格塑造中发挥着重要作用。青少年在运动场上培养出来的身体素质、心理素质和优秀品质，以及运动留给他们的记忆，会让青少年受益一生!

周日 2023.10.15 九月初一

1997年10月15日，黄金宝获得全运会男子个人公路自行车比赛冠军，为中国香港夺得首枚全运会金牌。

周一 2023.10.16 九月初二

2004 年 10 月 16 日，杰米 · 伯内特在斯诺克英国锦标赛预赛中打出单杆 148 分，获得“148 先生”的称号。

瑞士球－坐姿－交替转髋

①

坐于球上，抬起一侧髋部，同时使瑞士球向该侧滚动。

②

换对侧重复。两侧交替。

周二 2023.10.17 九月初三

2005 年 10 月 17 日，陈祚在第十届全国运动会男子 100 米自由泳比赛中夺冠，同时以 49.56 秒的成绩打破亚洲纪录，并成为亚洲首位在该项目上突破 50 秒大关的运动员。

药球－仰卧起坐－过顶推举

①

仰卧，双手持球于胸前。

②

利用腹肌的力量拉起上半身，同时向上推举药球至双臂伸直。

1968 年 10 月 18 日，鲍勃·比蒙在奥运会男子跳远决赛中跳出 8.90 米的成绩。该成绩超出原世界纪录 55 厘米，被称为“世纪之跳”。

瑞士球 - 上斜 - 交替转肩

①

腹部贴球，核心收紧，身体呈一条直线。

②

下半身不动，向两侧交替转动头部和躯干。

周四 2023.10.19 九月初五

1933 年 10 月 19 日，柏林奥组委决定，在 1936 年的奥运会中，将篮球列为奥运会正式比赛项目。

瑞士球－仰卧－夹球交替转髋

①

②

仰卧，双脚夹球，双腿抬高。尽可能保持瑞士球位置不变，向两侧交替转髋。

周五 2023.10.20 九月初六

1968年10月20日，迪克·福斯贝里凭借独创的背越式跳法获奥运会男子跳高比赛冠军。

瑞士球－仰卧－夹球两头起

①

仰卧，双脚夹球，双臂置于耳侧。

②

上半身和双腿同时抬起，双脚传球给双手，随后上半身和双腿放下。

③

上半身和双腿同时抬起，双手传球给双脚，随后上半身和双腿放下。

周六　2023.10.21　九月初七

2019 年 10 月 21 日，中国队获得世界军人运动会乒乓球男子团体比赛冠军，赢得世界军人运动会史上首枚乒乓球项目金牌。

青少年每天坚持运动，体重不减反增，是减肥失败了吗？

运动一段时间后，体脂减少而瘦体重增加，有可能导致体重上升，但这并不意味着减肥失败。恰恰相反，体脂率的降低表明减肥成效显著。在减肥过程中，不要只盯着体重和 BMI 指数，更应参考体脂率和身体围度。

周日 2023.10.22 九月初八

2008 年 10 月 22 日，宝力高赢得世界自由搏击联盟（WKA）搏击大赛 90 公斤级金腰带。

上肢力量

×2·慢速·间歇 30s

×1·慢速·无间歇

×2·中速·间歇 30s

×2·中速·间歇 30s

×2·中速·间歇 30s

90 度 -90 度拉伸
5 次 / 侧

壶铃 - 燕式平衡 - 对侧后拉
8 次 / 侧

瑞士球 - 哑铃 - 卧推
8 ~ 10 次

弹力带 - 站姿 - 后拉划船
12 次

瑞士球 - 哑铃 - 飞鸟 8 ~ 10 次

周一 2023.10.23 重阳节

1988 年 10 月 23 日，第一届全国城市运动会在山东济南开幕。

90 度 -90 度拉伸

① 

侧卧，双臂交叠，双掌对合。

② 

下半身不动，上侧臂绕过头部向头顶伸直，头部和躯干随之转动，保持 1 ~ 3 秒。

③ 

手臂和头部继续转动，直至双臂呈一条直线，躯干前侧有牵拉感，保持 1 ~ 3 秒。

1982 年 10 月 24 日，李宁在世界杯体操赛中独得六金，成为在单个体操世界大赛中夺冠次数最多的运动员。

①

肩部和上背部贴球，上臂与地面平行，哑铃位于手肘上方。

②

身体保持稳定，向上推举哑铃至双臂伸直。

周三　2023.10.25　九月十一

2009 年 10 月 25 日，刘翔以 13.34 秒的成绩蝉联全运会男子 110 米栏比赛冠军。

①

颈部和上背部贴球，双臂侧平举。

②

身体保持稳定，双臂上抬至胸部正上方。

周四 2023.10.26 九月十二

1863 年 10 月 26 日，英格兰足球总会成立，标志着现代足球诞生。

弹力带－站姿－后拉划船

①

弹力带中段固定于腰部同高处，双手分别握住弹力带一端。

双臂后拉弹力带至上臂与肩部在一条直线上，双肘屈曲90度。

周五 2023.10.27 **九月十三**

2013年10月27日，李娜在WTA年终总决赛中获得女子单打比赛亚军，创下中国运动员在该赛事的最佳成绩。

壶铃 - 燕式平衡 - 对侧后拉

① 

一侧腿撑地，躯干与对侧腿平行于地面，对侧手持壶铃于肩部下方。

② 

保持身体稳定，持铃侧手臂屈曲，上拉壶铃至接近躯干的高度。

2006 年 10 月 28 日，18 岁的王仪涵获得羽毛球世界杯女子单打比赛冠军，成为中国国家羽毛球队最年轻的世界冠军。

做眼保健操有助于青少年保护视力吗？

做眼保健操能有效改善眼部的血液循环，缓解眼部疲劳。此外，做眼保健操还能让眼睛得到主动休息。在近视防控方面，有一些研究发现，做眼保健操对于改善调节滞后有一定的助益，而调节滞后被认为与青少年近视的发生、发展有一定关系。因此，做眼保健操有助于青少年保护视力，但要注意按规范做、坚持做和手部卫生，否则效果不佳，还易引发结膜炎等问题。

周日 —— 2023.10.29 —— 九月十五

1991 年 10 月 29 日，谢军成为中国首位国际象棋世界冠军。

周一 2023.10.30 九月十六

1954 年 10 月 30 日，丹尼尔·比亚索内倡导的 24 秒进攻违例在 NBA 实施，大大提升了比赛的观赏性。

站姿 - 胸椎旋转

①

半蹲，背部挺直，双手交叉于头后。

②

下半身不动，以胸椎为轴，头部和躯干交替向两侧旋转，使得背部和肩部有牵拉感，保持 1 ~ 3 秒。

周二 2023.10.31 九月十七

2010 年 10 月 31 日，第 20 届空手道世锦赛闭幕。在这届世锦赛上，李红夺得中国首枚空手道世锦赛金牌。

弹力带 - 分腿蹲 - 后拉

①

弹力带中段固定于高处，呈分腿蹲姿势，双手分别握弹力带一端。

双臂后拉弹力带，全程手肘不得向外打开。

周三 2023.11.01 九月十八

1953 年 11 月 1 日，中央体育学院在北京成立。它是中国第一所体育高等院校，于 1956 年更名为北京体育学院，于 1993 年更名为北京体育大学。

迷你带 - 登山

②

核心收紧，身体呈一条直线。双膝交替上提，尽可能触碰手肘。

周四 2023.11.02 **九月十九**

2008 年 11 月 2 日，23 岁的刘易斯 · 汉密尔顿成为 F1 史上最年轻的年度总冠军。

半程土耳其起立

①

仰卧，持铃侧手臂向上伸直，同侧膝屈曲。

②

对侧手肘撑于垫上，抬起上半身。

③

继续抬起上半身，屈曲臂伸直，手撑地。

④

向上顶髋至躯干与大腿呈一条直线。

周五 2023.11.03 九月二十

2013 年 11 月 3 日，中国奥委会致函国际奥委会，提名北京为 2022 年冬奥会申办城市。

壶铃 - 单腿臂桥

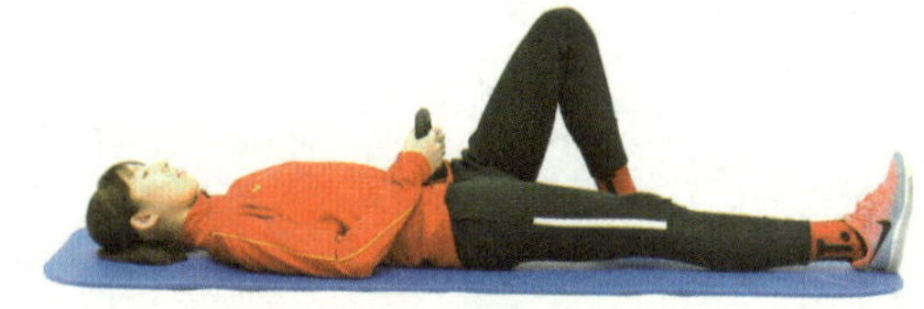

仰卧，双手持壶铃于腹部上方，一侧腿屈曲。

向上顶髋至躯干与大腿呈一条直线。

周六 2023.11.04 九月廿一

1979 年 11 月 4 日，吴数德为中国赢得第一个举重世锦赛冠军。

让青少年空腹训练的减肥效果更好吗？

糖是人体中枢系统的主要供能物质，空腹时血糖降低，中枢神经的兴奋性下降，会使身体难以完成目标强度的运动，最终导致消耗的总能量减少，影响减肥效果。此外，在血糖较低的情况下运动，还有晕倒受伤的风险。

周日 2023.11.05 九月廿二

2016 年 11 月 5 日，邹市明获得世界拳击组织（WBO）蝇量级世界拳王金腰带，成为世界职业拳王，成就拳坛“全满贯”。

周一 2023.11.06 九月廿三

1999 年 11 月 6 日，澳大利亚队获得英式橄榄球世界杯冠军，成为首支在该赛事上两度夺冠的球队。

碎步跑

①

②

背部挺直，尽可能快地进行碎步运动，手臂始终保持较慢的摆臂频率，尽可能保持上下肢协调。

周二 2023.11.07 九月廿四

1978 年 11 月 7 日，由世界羽毛球联合会创办的首届羽毛球世锦赛闭幕。在这届世锦赛上，中国国家羽毛球队斩获男子单、双打及女子单、双打冠军。

单脚跳－纵向－有反向

①

面向栏架单腿站立，双臂上摆。

②

快速下蹲，双臂后摆，随即伸髋伸膝，双臂上摆，向前跳过栏架。

③

起跳脚单脚落地，同时屈髋屈膝缓冲，双臂后摆。

周三　2023.11.08　立冬

1970 年 11 月 8 日，倪志钦以 2.29 米的成绩，成为中国第一位打破男子跳高世界纪录的运动员。

交换跳－纵向－有反向

①

面向栏架单腿站立，双臂上摆。

②

快速下蹲，双臂后摆，随即伸髋伸膝，双臂上摆，向前跳过栏架。

③

非起跳脚单脚落地，同时屈髋屈膝缓冲，双臂后摆。

周四 2023.11.09 九月廿六

2013 年 11 月 9 日，广州恒大足球俱乐部成为中国首支亚洲足球俱乐部冠军联赛冠军球队。

壶铃高翻 - 单臂

①

半蹲，一侧手持壶铃于双膝之间。

②

伸髋伸膝，持铃侧耸肩抬肘，上提壶铃，同时踮脚。

③

手肘抬至最高点时，将壶铃甩至手背，同时右肘下放，身体下蹲，随后站直。

周五 2023.11.10 **九月廿七**

1999 年 11 月 10 日，世界反兴奋剂机构（WADA）在瑞士洛桑成立。

壶铃甩摆 - 单臂

①

屈髋屈膝下蹲，单手握住壶铃把手，在双腿之间向后甩摆壶铃。

②

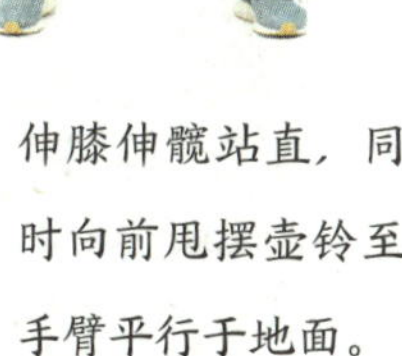

伸膝伸髋站直，同时向前甩摆壶铃至手臂平行于地面。

周六 2023.11.11 九月廿八

2005 年 11 月 11 日，2008 年北京奥运会吉祥物“福娃”亮相。

什么运动对长高有促进作用？

一般来说，跳跃类运动对于儿童身高发育具有较好的促进作用。儿童的身高主要是由躯干骨和下肢骨的长度决定的。跳跃类运动能使躯干骨和下肢骨得到节律性的应力刺激，使长骨两端的生长板在挤压、摩擦中受到刺激，加速骨细胞的分裂和骺板的增殖，从而有利于身高发育。跳跃类运动既包括专门的跳跃类练习，还包括涉及大量跳跃动作的篮球、排球、田径等运动项目。此外，要注意的是，儿童进行跳跃类练习的训练强度和训练量要适宜，强度适宜的运动刺激可改善骨的血液供应和新陈代谢，充足的血液供应会加速骨骼生长，促进骨骼健康。

周日 —— 2023.11.12 —— 九月廿九

2010年11月12日，广州亚运会开幕。

上肢力量

×2 · 快速 · 间歇 60s

×1 · 静态保持 · 无间歇

侧卧 – 肩部拉伸 30s / 侧

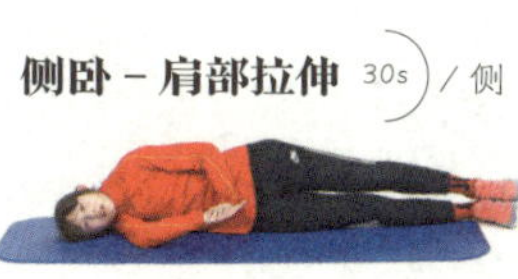

哑铃 – 坐姿 – 锤式推举 10 次

×2 · 中速 · 间歇 30s

弹力带 – 哑铃 – 站姿 – 前平举 10 次

弹力带 – 哑铃 – 站姿 – 肱二头肌弯举 10 次 / 侧

×2 · 中速 · 间歇 60s

弹力带 – 分腿姿 – 侧平举 10 次

×2 · 中速 · 间歇 60s

周一 —— 2023.11.13 —— 寒衣节

2010 年 11 月 13 日，沈宏、梁瑜洁获得体育舞蹈标准舞单项探戈舞比赛的亚运会冠军，拿下中国第 1000 枚亚运会金牌。

侧卧 - 肩部拉伸

①
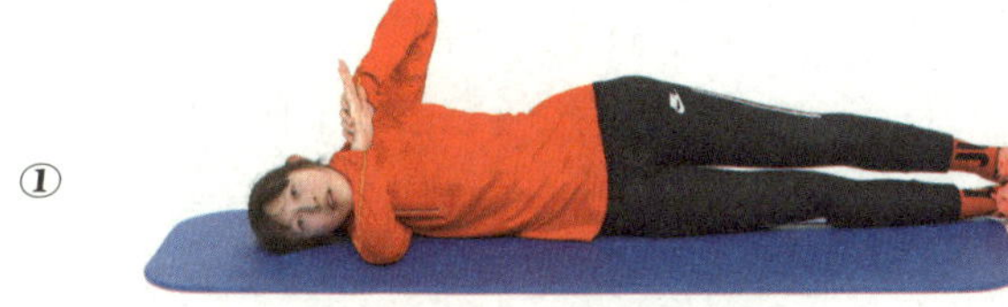

侧卧，拉伸侧前臂与地面垂直，对侧手扶于拉伸侧手背。

②

缓慢下压拉伸侧前臂至肩部有牵拉感。

周二 2023.11.14 十月初二

2010 年 11 月 14 日，23 岁的塞巴斯蒂安·维特尔成为 F1 最年轻的年度总冠军。

弹力带 - 哑铃 - 站姿 - 前平举

①

弹力带中段固定于双脚下方，双手各握弹力带一端和一个哑铃。

②

双臂保持伸直并前平举。

1952年11月15日，中央人民政府体育运动委员会成立。它是中国体育事业的最高行政机构，于1998年改组为国家体育总局。

弹力带 - 分腿姿 - 侧平举

①

弹力带中段固定于前侧脚下方，双手各握弹力带一端。

②

双臂保持伸直并侧平举。

周四 2023.11.16 十月初四

1981 年 11 月 16 日，中国国家女子排球队问鼎世界杯，首次荣获世界冠军。

弹力带-哑铃-站姿-肱二头肌弯举

①

弹力带一端固定于双脚下方，一侧手握弹力带一端和一个哑铃，掌心朝前。

②

上臂贴靠躯干，前臂向上弯举。

1957年11月17日，郑凤荣以1.77米的跳高成绩，成为中国首位打破世界纪录的女子运动员。

哑铃－坐姿－锤式推举

①

坐于训练凳上，双手各握一个哑铃于肩部前方，掌心相对。

双手同时向上推举哑铃至双臂完全伸直。

周六　2023.11.18　十月初六

2001 年 11 月 18 日，20 岁的莱顿 · 休伊特成为最年轻的网球男子单打世界第一。

处于月经期的女生是否可以运动？有哪些注意事项？

对于处于月经期的女生来说，适量运动能促进血液循环，从而在一定程度上减轻痛经、腰酸背痛等不适症状，因此在月经期进行适量运动有一定益处。但是，在月经期进行运动必须注意以下几点：（1）减少运动时间和运动量，推荐进行简单、舒缓、强度小的运动，如散步、简单的拉伸运动等；（2）运动幅度不宜过大，避免进行会引起腹内压增加或使腹部剧烈震动的运动，如仰卧起坐、跳高、跳远等；（3）不宜进行水中运动。值得注意的是，痛经严重、月经过多或不规律的女生在月经期不宜运动。

1969 年 11 月 19 日，球王贝利在巴西里约热内卢的马拉卡纳体育场，攻入个人第 1000 个球。

下肢力量

×2 · 快速 · 间歇 60s

迷你带 – 交叉步 – 横向
5 米 / 侧

×1 · 中速 · 无间歇

弹力带 – 纵跳
6 次

哑铃 – 后腿抬高分腿蹲
10 次 / 侧

×2 · 慢速 · 间歇 60s

弹力带 – 单腿半蹲
10 次 / 侧

×2 · 中速 · 间歇 30s

壶铃 – 持铃深蹲
10 次

×2 · 中速 · 间歇 30s

周一 2023.11.20 十月初八

1985 年 11 月 20 日，中国国家女子排球队蝉联世界杯冠军，成就世界大赛四连冠。

迷你带－交叉步－横向

站立，双脚分开。

②

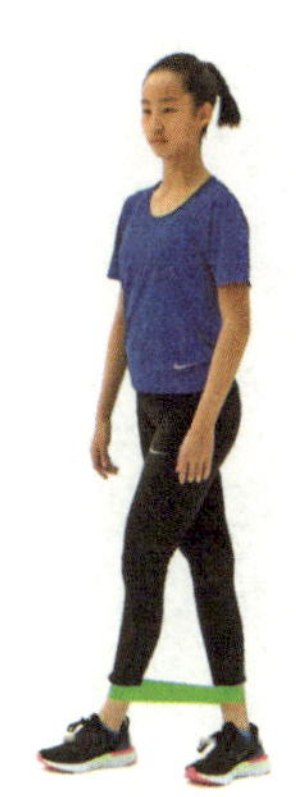

一侧脚经对侧脚前方侧向迈步，对侧脚随即跟上，迈出同样的距离。

③

一侧脚经对侧脚后方侧向迈步，对侧脚随即跟上，迈出同样的距离。以此方式向身体一侧移动。

周二 2023.11.21 十月初九

2014 年 11 月 21 日，亚足联公布首批入选亚洲足球名人堂的 10 名运动员，孙雯位列其中。

哑铃－后腿抬高分腿蹲

①

背对训练椅，一侧脚置于椅上，双手各握一个哑铃。

慢慢下蹲至前侧大腿与地面接近平行。

周三 2023.11.22 小雪

2009 年 11 月 22 日，刘莎莎成为最年轻的女子九球世锦赛冠军。

壶铃－持铃深蹲

①

站立，双手持壶铃于胸前。

②

屈髋屈膝下蹲，手臂姿势不变。随即伸髋伸膝站直。

周四 2023.11.23 十月十一

2010 年 11 月 23 日，张山在亚运会上获得女子双向飞碟团体比赛冠军，时隔 20 年再次拿下亚运会金牌。

弹力带－单腿半蹲

①

弹力带中段固定于支撑脚下方，双手分别握住弹力带一端。

身体保持稳定，屈髋屈膝下蹲。随即伸髋伸膝站直。

周五　2023.11.24　十月十二

2012 年 11 月 24 日，在 IAAF 百年庆典仪式上，王军霞进入 IAAF 名人堂。她是亚洲首位入选 IAAF 名人堂的运动员。

弹力带－纵跳

①

站立弹力带两端固定于低处，中段绕于腹部，屈髋屈膝下蹲，双臂后摆。

②

伸髋伸膝，双臂上摆，向上跳起。落地时，屈髋屈膝缓冲，双臂后摆。

周六 2023.11.25 十月十三

1998年11月25日，北京正式宣布申办2008年奥运会。

那些食物有助于青少年保护视力?

(1)富含钙、铬、锌、硒等微量元素的食物。微量元素具有维持眼睛晶状体渗透压平衡、缓解眼睛疲劳、保护视网膜等功效。推荐食物包括粗粮谷物、瘦肉和动物内脏、奶制品和新鲜果蔬等。

(2)富含维生素A、B族维生素、维生素C等维生素的食物。维生素可以保护视网膜,缓解眼睛疲劳,是视觉神经重要的营养来源。推荐食物包括新鲜果蔬、瘦肉和动物肝脏、豆制品、坚果等。

(3)富含蛋白质的食物。推荐食物包括牛奶、鸡蛋、深海鱼类等。

注意,上述食物虽然有助于保护视力,但仍要适量摄入,以避免过度饮食导致的肥胖问题。

周日 —— 2023.11.26 —— 十月十四

2017年11月26日,刘易斯·汉密尔顿在F1阿布扎比大奖赛中获得第二名,夺得自己的第四个F1年度总冠军。

核心力量

×2·中速·间歇60s

瑞士球－上斜－交替抬腿 5次

×1·慢速·间歇30s

瑞士球－药球－交替转体 8次

×2·中速·间歇30s

药球－两头起－球碰脚 10次

×2·快速·间歇60s

瑞士球－仰卧－夹球屈髋 10次

×2·中速·间歇30s

瑞士球－仰卧－抬腿交替转髋 10次

周一 2023.11.27 十月十五

2010年11月27日，广州亚运会闭幕。在该届亚运会上，中国代表团赢得199枚金牌，创下史上最好成绩。

瑞士球 - 上斜 - 交替抬腿

①

前臂撑于球上，核心收紧，身体呈一条直线。

②

身体保持稳定，双腿交替抬起。

1993 年 11 月 28 日，17 岁的罗尼 · 奥沙利文成为最年轻的斯诺克排名赛冠军。

药球－两头起－球碰脚

① 

仰卧，双手持球于胸前。

② 

双腿抬至与地面接近垂直。保持双腿抬高，利用腹肌的力量将上背部拉离垫面，同时双臂向上推举至球碰脚。

1981年11月29日，马燕红在体操世锦赛中首次采用腹回环绷杠团身后空翻转体360度动作。该动作被国际体操联合会命名为马燕红下，成为首个以中国运动员名字命名的体操动作。

瑞士球－仰卧－抬腿交替转髋

①

②

仰卧，双腿贴球。头部和肩部不动，交替向两侧转髋至最大幅度。

周四 2023.11.30 十月十八

1991 年 11 月 30 日，首届女足世界杯在广州落幕。

瑞士球－仰卧－夹球屈髋

①

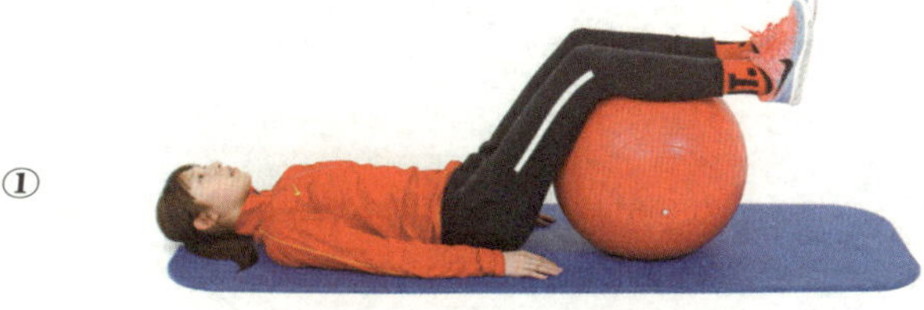

仰卧，双腿贴球。

②

上半身不动，屈髋，将球夹离垫面，臀部抬离垫面。

周五 2023.12.01 十月十九

1956 年 12 月 1 日，阿兰 · 米蒙在奥运会上完成自己的马拉松首秀并拿下个人首枚奥运会金牌。

瑞士球 - 药球 - 交替转体

②

仰卧，肩部和上背部贴球。下半身不动，交替向两侧转上半身至双臂平行于地面。

周六 2023.12.02 十月二十

1988 年 12 月 2 日，中国登山家李致新、王勇峰首次登上文森峰。李致新还创造了攀登文森峰的最短用时纪录。

“减脂时最好不吃主食”的说法正确吗?

这种说法是错误的。主食中含有丰富的碳水化合物，后者是人体最主要的能量来源，被消化吸收后主要以糖原的形式储存在肝脏和肌肉中。长期少吃或不吃主食易导致低血糖，使人出现心慌和头晕等症状，严重时还会危害健康，增大运动损伤的发生概率。此外，维持大脑工作的能量也主要来自于碳水化合物。如果主食摄入不足，大脑会因供能不足而无法正常运转，从而影响青少年的学习和生活。再者，当不吃主食导致能量供应不足时，人体只能靠蛋白质来维持能量供应，长此以往，体内蛋白质将被大量消耗，导致肌肉量减少。

周日 2023.12.03 十月廿一

1982 年 12 月 3 日，中国代表团首登亚运会金牌榜第一。

上肢力量

×2 · 中速 · 间歇 30s

×1 · 慢速 · 无间歇

瑞士球 – 上斜 – T 形

20s

瑞士球 – 仰卧 – 直臂下拉

10 次

×2 · 中速 · 间歇 30s

弹力带 – 哑铃 – 仰卧 – 胸前推 10 次

瑞士球 – 哑铃 – 上斜 – 侧平举

10 次

×2 · 中速 · 间歇 30s

弹力带 – 哑铃 – 仰卧 – 飞鸟

10 次

×2 · 中速 · 间歇 30s

周一 2023.12.04 十月廿二

1956 年 12 月 4 日，帕特里西亚 · 麦考密克获得女子三米跳板比赛的奥运会冠军。三天后，她又获得女子十米跳台比赛的奥运会冠军，从而包揽两届奥运会的全部女子跳水比赛金牌。

瑞士球 - 上斜 -T 形

①

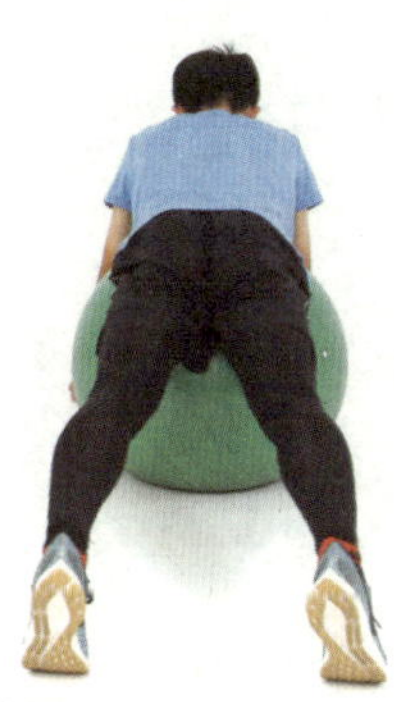

腹部贴球，上背部挺直。

双侧肩胛骨收紧，双臂侧平举，与躯干呈T形，拇指朝上。

2021 年 12 月 5 日，“相约北京”2021/2022 国际雪联跳台滑雪和北欧两项洲际杯测试赛落幕，2022 年北京冬奥会开幕前的最后一次以正式比赛为依托的测试赛完美收官。

弹力带－哑铃－仰卧－胸前推

①

弹力带中段固定于躯干下方，双手各握弹力带一端和一个哑铃，掌心相对。

②

双臂向上推至双臂伸直且垂直于地面。

1966 年 12 月 6 日，第一届亚洲新兴力量运动会在柬埔寨金边落幕。在该届运动会上，中国代表团打破两项举重世界纪录。

弹力带 - 哑铃 - 仰卧 - 飞鸟

①

仰卧，弹力带中段固定于躯干下方，

双手各握弹力带一端和一个哑铃。

双臂上抬至垂直于地面。

周四 2023.12.07 大雪

2013 年 12 月 7 日，“沸雪”北京世界单板滑雪赛在鸟巢体育场举行。该赛事是世界单板滑雪顶级赛事。

瑞士球 - 哑铃 - 上斜 - 侧平举

①

腹部贴球，身体呈一条直线，双手各握一个哑铃于肩部下方。

②

双臂伸直并抬至肩部高度。

2006 年 12 月 8 日，蒋婷婷、蒋文文夺得中国第一枚花游亚运会金牌。

瑞士球－仰卧－直臂下拉

①

弹力带一端固定于低处，上背部贴球，双臂伸直，双手于头顶握弹力带另一端。

②

保持手臂伸直，双手拉弹力带至双臂垂直于地面。

周六 2023.12.09 十月廿七

1979 年 12 月 9 日，马燕红在体操世锦赛女子高低杠比赛中夺冠，成为中国体操第一位也是最年轻的世界冠军。

视力保护

青少年夜晚学习时，只用台灯照明就可以了吗？

青少年夜晚学习宜同时使用房间顶灯和读写作业台灯，且读写作业台灯应放置在写字手对侧前方。推荐使用色温可调的 LED 读写作业台灯，且夜晚宜将其色温调至 4000K 以下。色温不可调且高于 4000K 的 LED 读写作业台灯不宜在夜晚使用。此外，不宜使用未带灯罩的裸灯照明。

周日 —— 2023.12.10 —— **十月廿八**

2012 年 12 月 10 日，芒努斯·卡尔森获得伦敦国际象棋经典赛冠军并刷新了国际象棋等级分的世界纪录。

周一 2023.12.11 十月廿九

2000 年 12 月 11 日，孙雯当选 20 世纪最佳女子足球运动员。

最伟大拉伸

①

一侧脚向前迈步，俯身，同侧手肘置于脚内侧，保持1～3秒。

②

屈曲臂向上伸展，保持1～3秒。

③

双手撑于身体两侧，前侧腿伸直，保持1～3秒。

前侧腿屈曲，然后后侧脚收回，站直。

周二 2023.12.12 十月三十

2020年12月12日，首届全国中小学和高校健康教育教学指导委员会成立大会举行，《中国儿童青少年体育健康促进行动方案（2020—2030）》正式发布，为学校、家庭、社区和有关部门提供了系统、完整且具有操作性的强身健体策略。

弹力带－深蹲前推

①

弹力带中段固定于高处，双手各握弹力带一端，上臂平行于地面。

屈髋屈膝下蹲，同时双臂前推至完全伸直，随后伸髋伸膝站直，双臂收回。

周三 2023.12.13 **冬月初一**

2001 年 12 月 13 日，第 29 届奥林匹克运动会组织委员会（也被称为“北京奥组委”）成立。

瑞士球 - 迷你带 - 上斜 - 交替抬腿

①

②

手肘撑于球上，身体呈一条直线。上半身保持不动，双腿保持伸直并交替抬起。

周四 2023.12.14 冬月初二

1984 年 12 月 14 日，中国国家男子足球队首次进入亚洲杯决赛。

哑铃 - 弓步 - 侧平举

①

②

一侧脚向前迈出并屈膝，呈弓步姿势，同时双臂保持伸直并抬至肩部高度。

1983 年 12 月 15 日，中国国家女子足球队正式成立。该球队于 1986 年首次参加亚洲杯即夺冠，之后创造了亚洲杯七连冠的辉煌战绩。

土耳其起立

①

仰卧，持铃侧手臂向上伸直，同侧膝屈曲。对侧手肘撑于垫上，抬起上半身。

②

继续抬起上半身，屈曲臂伸直，手撑地。

③

向上顶髋至躯干与大腿呈一条直线。

④

伸直腿后撤，跪于垫上。

⑤

上半身直立，随后起身站直。

周六 2023.12.16 冬月初四

2012 年 12 月 16 日，叶诗文成为中国游泳第一位全满贯运动员。

青少年运动损伤应急处理方式有哪些？

开放性损伤的应急处理方式如下。

（1）止血。使用无菌纱布或干净的布条按压、填充患处，进行止血。当四肢大量出血时，应使用止血带，但要注意定时松开止血带，以防肢体坏死。此外，还要抬高患肢，减少血流量。止血后应当及时就医。

（2）冰敷。对患处进行冰敷，但注意单次冰敷时长不要超过20分钟，两次冰敷间隔2～3小时。

（3）清创。用碘伏或酒精消毒液对患处进行消毒，再用无菌纱布对患处进行包扎。

闭合性损伤的应急处理方式如下。

（1）保护。损伤发生后，立刻停止运动，保护受伤部位，在他人帮助下尽快离开运动场所。

（2）加压包扎和冰敷。用有弹力的绷带将冰袋绑在患处，注意根据主观的疼痛感觉，给予患处一定的压力。

（3）抬高患肢。原则上，损伤发生后的48小时内都应将患肢抬至高于心脏的高度。

周日 —— 2023.12.17 —— 冬月初五

2000年12月17日，孙军以70分创造CBA本土球员单场最高得分纪录。

周一 2023.12.18 冬月初六

2007 年 12 月 18 日，中央电视台与国际奥委会正式签约，其新媒体平台央视网成为 2008 年北京奥运会官方互联网 / 手机转播机构，新媒体首次作为独立转播机构被列入奥运会转播体系。

运动姿－快速转髋

①

半蹲，双臂后摆，呈运动姿。

②

保持肩部朝前，交替向两侧转髋。

2009年12月19日，巴塞罗那足球俱乐部首次赢得FIFA俱乐部世界杯（也被称为“世俱杯”）冠军，成就“六冠王”伟业。

交换跳 - 横向 - 有反向

①

侧对栏架单腿站立，双臂上摆。

②

快速下蹲，双臂后摆，随即伸髋伸膝，双臂上摆，跳过栏架。

③

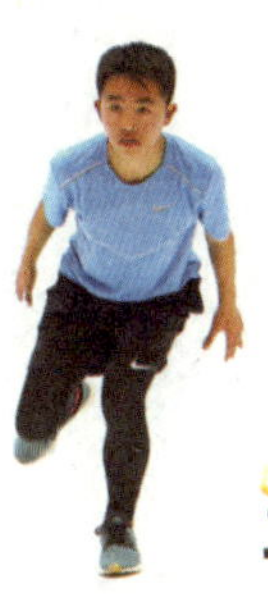

起跳脚单脚落地，同时屈髋屈膝缓冲，双臂后摆。

周三 2023.12.20 冬月初八

2006 年 12 月 20 日，大卫 · 李在终场前 0.1 秒以空中点拨的方式进球，完成 NBA 实施特伦特 · 塔克规则（也被称为“0.3 秒条例”）后的首个 0.1 秒绝杀。

交换跳－横向－有反向

①

面向栏架单腿站立，双臂上摆。

快速下蹲，双臂后摆，随即伸髋伸膝，双臂上摆，跳过栏架。

③

非起跳脚单脚落地，同时屈髋屈膝缓冲，双臂后摆。

周四 2023.12.21 冬月初九

1891 年 12 月 21 日，世界上首次篮球比赛在美国举行。

药球－俄罗斯旋转抛接球

①

坐于垫上，上半身转向搭档。接住搭档的传球，上半身随即转向另一侧，同时手持药球移至髋部外侧。

②

上半身再次转向搭档，同时双手抛球给搭档。

2012 年 12 月 22 日，利昂内尔·梅西攻入个人的年度第 91 个进球，刷新了足球运动员个人年度总进球纪录。

壶铃－交替甩摆

①

②

③

屈髋屈膝下蹲，一侧手握住壶铃把手，在双腿之间向后甩摆壶铃。

伸膝伸髋站直，同时向前甩摆壶铃，在最高点时，将壶铃传递给对侧手，再次进行甩摆。

周六　2023.12.23　冬月十一

2006年12月23日，在首次全国学校体育工作会议上，陈至立宣布启动“全国亿万学生阳光体育运动”。该运动旨在推动青少年体育活动蓬勃开展，促进青少年健康成长。

青少年进行速度训练时应注意什么？

速度可分为反应速度、动作速度和位移速度，其中，位移速度又分为直线速度和多方向（变向）速度。青少年可通过根据视觉或听觉信号完成身体动作、绳梯练习、神经激活练习等多种方式来发展反应速度；可通过提升力量、爆发力和协调性等的特定练习来发展动作速度；可通过下肢力量练习、跑姿技术练习和提升心肺水平来发展不同距离的直线速度；可通过协调性练习、变向跑、步法练习、离心力量练习等多种方式来发展多方向速度。总之，在所有身体素质中，速度的提升最复杂，需要以其他身体素质的全面发展为支撑。15 岁及以下的青少年可以通过提升速度力量和最大力量的方式来发展速度；16 岁及以上的青少年的速度训练方式几乎和成年人一样，用最高的频率进行训练。

周日 2023.12.24 冬月十二

2010 年 12 月 24 日，年仅 16 岁的侯逸凡获得女子国际象棋世锦赛冠军，成为最年轻的世界棋后。

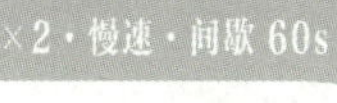

瑞士球－仰卧－勾腿

8 次

瑞士球－下斜－脚尖撑静力 30s

×1 · 静态保持 · 间歇 20s

瑞士球－哑铃－坐姿－臂屈伸

12 次

×2 · 中速 · 间歇 30s

瑞士球－对侧手脚交替抬起 30s

×1 · 静态保持 · 间歇 60s

瑞士球－哑铃－坐姿－过顶推举

12 次

×2 · 中速 · 间歇 30s

周一 —— 2023.12.25 —— 冬月十三

2008 年 12 月 25 日，菲尔 · 杰克逊成为 NBA 史上胜率最高的千胜教练。

瑞士球 - 下斜 - 脚尖撑静力

脚尖撑于球上，核心收紧，身体呈一条直线。

周二 2023.12.26 冬月十四

2006 年 12 月 26 日，国家游泳中心（也被称为“水立方”）实现外观整体完美亮相。

瑞士球 - 对侧手脚交替抬起

① 

腹部和髋部贴球，同时抬起一侧手臂和对侧腿，直至与地面平行。

② 

换对侧重复。两侧交替。

2011 年 12 月 27 日，林书豪加盟尼克斯队。之后，林书豪带领球队获得七连胜，成为 NBA 历史上首位在自己的前 5 场比赛中均获得 20 分以上并完成 7 次助攻的球员。他因在这一时期的惊人表现被媒体称为“林疯狂”。

瑞士球 - 哑铃 - 坐姿 - 过顶推举

①

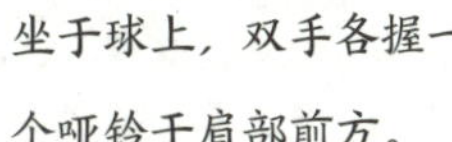

坐于球上，双手各握一个哑铃于肩部前方。

保持身体稳定，双手向上推举哑铃至手臂伸直。

周四　2023.12.28　冬月十六

1950 年 12 月 28 日，多尔夫·斯查耶斯在比赛中抢下 35 个篮板，创造了 NBA 个人单场篮板数之最。

瑞士球－哑铃－坐姿－臂屈伸

① 坐于球上，双手握哑铃于头顶。

② 保持身体稳定，上臂不动，前臂向后，将哑铃下降至颈部后方。

周五 2023.12.29 冬月十七

1999 年 12 月 29 日，金州勇士队为威尔特 · 张伯伦举行球衣退役仪式。威尔特 · 张伯伦成为 NBA 史上首位球衣在 3 支球队退役的球员。

①

小腿和脚跟贴球，身体呈一条直线。

②

双臂位置不动，双腿屈膝，将瑞士球拉向臀部。

周六 2023.12.30 冬月十八

2000 年 12 月 30 日，范志毅首次以队长身份登上英格兰职业足球赛场。

“每天运动的青少年应多喝运动饮料，以补充能量”的说法正确吗？

这种说法不正确。运动饮料中含有糖和电解质，运动中和运动后可适量饮用运动饮料，快速补充出汗后身体所需的电解质等。但是，在运动以外的时间，哪怕是每天运动的青少年，也要注意不要过量饮用运动饮料，以防摄入过多的糖分，引发肥胖等健康问题。

周日 2023.12.31 冬月十九

2003年12月31日，湖人队对阵活塞队的比赛共产生了127次罚球，创造了NBA历史上单场比赛罚球次数之最。

本书作者

王雄

清华大学运动人体科学硕士，体育教育训练学博士，副研究员；国家体育总局训练局体能训练中心创建人、负责人；国家体育总局备战2012年伦敦奥运会身体功能训练团队召集人，备战2016年里约奥运会身体功能训练团队体能训练组组长；为游泳、排球、乒乓球、羽毛球、体操、跳水、举重和帆板等十余支国家队提供过体能测评和训练指导服务；中国体育科学学会体能训练分会常委，北京体育科学学会体能分会副主任委员，北京体能训练协会常务理事；清华-长三角研究院特聘研究员；《身体功能训练动作手册》和“儿童身体训练动作指导丛书”主编；译有《精准拉伸：疼痛消除和损伤预防的针对性练习》《体育运动中的功能性训练（第2版）》《自由风格训练：4个基本动作优化运动和生活表现》《美国国家体能协会力量训练指南（第2版）》等书，在《体育科学》、*Journal of Sports Sciences* 等中外期刊发表文章十余篇；研究方向包括身体训练（专业体能和大众健身）、健康促进工程和青少年体育等。

徐凌

北京体育大学运动训练学硕士；国家体育总局训练局体能康复中心体能训练师，为多个项目的国家队提供体能训练保障；曾为中国国家现代五项队、中国国家短道速滑队、北京国安足球俱乐部等提供体能训练、科研保障服务；多次参与“科技助力冬奥”课题研究，包括越野滑雪运动员的体能训练与科学监控及高山滑雪、冰球等冬季项目的运动员选材等。